王更生著

王更生先生全集 第一輯

第五冊 文心雕龍范注駁正

文史哲出版社印行

王更生先生全集 第一輯

王更生先生全集 第一輯 18冊

第五冊 文心雕龍范注駁正

著　　者：王　更　生
出 版 者：文史哲出版社
http://www.lapen.com.tw
登記證字號：行政院新聞局版臺業字五三三七號
發 行 人：彭　正　雄
發 行 所：文史哲出版社
印 刷 者：文史哲出版社
臺北市羅斯福路一段七十二巷四號
郵政劃撥帳號：一六一八〇一七五
電話886-2-23511028・傳真886-2-23965656

定價新臺幣 6000 元

中華民國九十九年（2010）八月十二日初版

ISBN 978-957-549-917-4　　08991

文心雕龍范注駁正

王更生署

文心雕龍范註駁正　目次

文心雕龍范註駁正序

文心雕龍「范註」自民國十四年（西元一九二五），經由天津新懋印書館印行以來，迄今已超過了半個世紀，尤其在「黃註」「紀評」「李補」「黃札」之後，突然出現了這部數達百萬言的巨著，一時之間，眞如石破天驚，給我國學術界帶來相當的震撼。同時，也奠定了范文瀾先生在中國學術界的地位。范氏以他六年的苦心經營，參考三百五十種左右的資料；在命筆草創的過程中，他一方面對劉彥和的引書、引說，詳加考訂；另一方面對文心雕龍本文的精言奧義，疏通證明。所以一經出版，立卽被國內各大學中（國）文系，採爲選讀之敎本。而國外若東方的日本、韓國，西方的美國、法蘭西，凡欲問津中國古典文論者，幾乎都拿它做爲投石問路的憑藉。

一部內容繁富，網羅今古的著作，卽令作者當時是如何的精理密察，往往因爲受到識見所囿，加上資料搜輯，與剪裁上的種種困難，書成之初，也許作者自認已無懈可擊；可是，歷時愈久，由於新資料的不斷被發現，以及對「文心雕龍學」研究角度的轉變，愈覺得原本毫無問題的地方，在今天來說，極可能支節旁出，產生新的爭議。幾十年來，若李笠、若楊明照、若日本的斯波六郎、若張立齋等，都曾對文心雕龍「范註」，坦誠提出切實的意見；而范氏本人每次也都能謙沖爲懷，一再修訂。我覺得這樣不僅不會影響原作的價值，由於會友輔仁的效果，反而對學術更新的契機，作了催化的工作。

文心雕龍「范註」駁正，內容分「范註」成書經過，「范註」內容析例，「范註」文心駁正，結論等四部分。而「范註」內容析例，與「范註」文心駁正，尤爲本論文的重心。於「范註」內容析例中，根據范氏自設的「例言」，消化歸納，條其大凡，以見范氏著述的脈絡經緯，所謂「振葉尋根，觀瀾索源」者在此。「范註」雖然瑜中有瑕，但可資取法的地方仍然很多。而於「范註」文心駁正中，有駁有正，駁者，議其得失，正者，正其是非。其中計有采輯未備、體例不當、立說乖謬、校勘欠精、註釋錯訛、出處不明等六目。各目之下，又縷析若干小節，每節更有說明，說明之不足，復援例以徵其實。務期理圓事密，使讀之者有「會己嗟諷」的感受！

文中援例雖多，還沒有到檢跡殆遍、略無遺漏的地步。究其原因，蓋由於作者寫作本文的初衷，旨在條別大凡，列舉粗目。使讀者能逐類推求，以見「范註」是非得失的全貌。尤加問題易舉，是非難定，甲以爲是者，乙或以爲非，今日之是者，明或以爲非，於是在學術上，便發生了甄別的困難。基乎此一認識，所以本文在采輯未備方面，僅錄年譜、板本、敘錄、遺著。於體例不當方面，只錄觀點、篇旨、行文、稱謂、篇卷。立說乖謬方面，以原道、神思二篇附表爲例。至若校勘欠精方面，誤校與失校兩類，採得九十二條。註釋錯訛方面，誤釋、誤引兩部分計三十四條。最後在出處不明方面，有未明出處、既明不當、援證未博三項，共得四十六條。此並非作者持論謹愼，要亦著述不得不然耳。

文心雕龍體大慮周，學界共推奧衍，而「范註」之博採周咨，也久已享譽著作之林。更生不敏，幸生於諸位賢能長者之後，使我得以根據他們的成說，作爲論述「范註」的依憑。所以本文如有可供取資的地方，自應歸功於前人的教澤；如有可議之處，那是由於筆者末學膚受的緣故。現當稿草殺青之時，盼知音君子，匡我不逮。

王更生

民國六十八年四月序於台北退思齋

文心雕龍范註駁正

王更生

一、范註成書經過

范文瀾字仲澐，浙江紹興人。因感於黃叔琳輯注流傳已久，頗多紕繆，未饜人心。故依據黃本，再參以孫仲容先生手錄顧千里、黃蕘圃合校本，譚復堂先生校本，鈴木虎雄先生校勘記，及趙萬里校唐人殘寫本，別撰新疏，以應社會之需要。於是由民國八年（西元一九一九）始稿，至十四年（一九二五）十月一日，經天津市東馬路新懋印書館正式梓行，名「文心雕龍講疏」，洋裝一巨册。十八年（一九二九），北平文化學社刋出「文心雕龍註」上册、中册，二十年（一九三一），續刋下册。民國二十五年（一九三六），上海開明書店刋行「文心雕龍註」七册。北平文化學社所出版之「文心雕龍註」，係根據「講疏」修改而來，開明書店出版之「註」，又從文化學社出版之「註」，施以若干潤色而來。四十九年（一九六〇）香港商務印書館，再重新校訂付印，五十九年（一九七〇）台北明倫出版社影印，名「文心雕龍註增訂本」。本文的寫作，便是根據這個晚出的「增訂本」完成的。

綜上所述，可知「范註」由民國十四年，至五十九年，三十五年之間，前後經過了三次修訂，才有今本「文心雕龍註」的面目。而十四年以「講疏」由天津新懋印書館發行後，於次年六月，李笠就在圖書館學季刊一卷二期，發表「讀文心雕龍講疏」一文，其中臚列當增補者八事，當整理者二事，以正其乖繆。二十六年，楊明照又依文化學社本，著「范氏文心雕龍註舉正」，發表於文學年報第三期。民國四十一年，即日本昭和二十七年（一九五二），廣島大學教授斯波六郎，復根據開明版，作「文心雕龍范註補正」，經由該校文學部中國文學研究室印行。六十七年國立臺灣師範大學教授黃師錦鋐，更將斯波先生的「補正」譯成中文，發表於師大國文學報第七期。文中主要在補訂范「註」典故之引證，及本文之校勘，與語句之解釋。民國五十六年（一九六七），國立政治大學中文系教授張立齋先生，經台北正中書局出版「文心雕龍註訂」，自謂「註訂」之作，在「正諸本之譌失，與補其所未備」。對范註也提出很多建設性的修正。

由於中外名家對「范註」的一再著文考訂，以及國內各大學院校中（國）文系選爲專修文心雕龍的教本，則范氏「文心雕龍註」已普遍引起學術界的重視，可想而知。惟各家考訂的要點，或偏重於典故的出處，或補充「范註」的疏略，或校訂語句的解析，或斥其立說的武斷，或證其引書的不當，或言其援用他說，而失之不考。雖吉光片羽，彌足珍貴，但支離破碎，難免一偏。所以欲就「范註」的整體，做徹底剖判，勢需兼採衆長，分綱別目，此不僅「范註」可得此而提高身價，同時讀者亦可藉以窺其堂奧，此「文心雕龍范註駁正」之所由作也。

二、范註內容析例

文心雕龍校註，自宋辛處信以後，若王惟儉訓故，楊用修批點，梅慶生音註，黃叔琳輯注，以及紀曉嵐評述，多未擺脫明人圈點評騭之習①。自清代中葉（由道光二十二年，西元一八四二，中英鴉片戰爭，訂立江寧條約）以後，中西交通大開，文化交流日趨頻繁，我國傳統的治學方法，輒因受西學的影響，而改弦更張。若經學、若史學、若子學，甚而集部的整理與分析，均有日新又新，與往時斷然不同的成就。劉彥和文心雕龍雖成書於我國南朝齊、梁之際（齊和帝中興元、二年間，西元五〇一），距離現在已一千四百七十多年；但由於作者把握了原道、宗經的文學觀，所以在文體方面：他以二十個篇幅，列舉了近一百七十餘種不同的文章體類，奠定了我國曠古絕今的文體論②。在文術方面：他也同樣的用了二十個篇幅，從控引情源，與制勝文苑兩大綱領去看創作技巧。其中無論是講運思、風格、韻味、安章、布局、謀篇，甚而修辭方面的練字、比興、夸飾、隱秀、物色，以及養氣與鎔裁問題，他都能以鑒周思圓的智慧，說得略無遺珠。為我們今天實際從事創作時，作了最有參考價值的先導③。在文評方面：他更於歷詆各家文論之不當後，澈底檢討批評的蔽障，默察鑒賞困難的原因，進而建立了他客觀批評的標準④。此外，他尤加注意文學的「外延問題」，如文學與時代潮流的關係，文學與才能識略的關係，文學與道德修爲的關係⑤。可說是致廣大而盡精微，和現在所謂之「文學批評」，有異曲同工之妙。

文心雕龍五十篇，綜括大凡，劉勰是由文學思想，講到文學體裁，文學創作，文學批評的。其中綱領昭暢，具有一貫開展的歷程。由於他能把握着文學的大本大源，所以歷時愈久，愈覺得文心雕龍萬古常新。范氏文瀾之對舊註不滿，而別造新疏；同時前後用了六年的漫長時光，而書成後，復一再修訂，其對文心雕龍之重視，概可想見⑥。

「范註」文心雕龍的內容，所以會受到中外學術界人士的注意，根據「例言」上的說法，至少是因爲他具有以下六點特色：

（一）逐條列舉，檢閱稱便：在「范註」行世以前，黃注紀評是文心雕龍自有註釋以來，最進步的本子。其敘寫方式，凡紀評皆書於當行的眉端，黃注則綴輯於每篇正文之後，輯注亦僅揀文中生難詞語若干，討其典故出處而已。「校字」方面：雖約略涉及，但「釋義」則絕少做到。所以讀者如想從黃注紀評，去逆溯文心文義的話，如非對國學具有精湛素養，至爲不易。而「范註」合黃注紀評爲一體，打散原有上評後註的間制，並使正文與註解分開，於正文難解者，加數字於當句之下，然後再逐條列註於文末。讀時只需按號碼尋索註解，一經翻檢，卽晃朗在目，以註會文，本義自見，這可說是「范註」文心的一大進步。

(二)引書相證，必詳卷次：范氏以爲「王懸河三洞珠囊，每卷皆稱某書某卷。李匡乂資暇錄引通典也多註出某卷，此例極善。」於是依其成法，凡有徵引，必詳記著書人姓氏及書名卷數，以免乾沒前人的成就，並可藉此瞭解資料的來源。例如文心雕龍卷六神思篇註(一)，引蕭子顯南齊書文學傳論，明「神思」命篇的出處。同篇註(三)，引黃先生文心雕龍札記，釋「文之思也，其神遠矣」。讀者如能按註溯原，自可對照見義，於文心雕龍文義的探賾索隱，具有特別顯著的重要性。

(三)選取善言，究明作意：范氏以爲「昔人頗譏李善註文選，釋事而忘意。文心乃論文之書，於彥和著述之微旨，尤貴探求。而古來賢哲，至多善言，可資發明。故廣事搜求，隨宜錄入。但對於駕空騰說，無當雅意者，亦不敢取。」如文心雕龍卷七鎔裁篇註(七)，釋「然後舒華布實」至「美材既斲」，以爲「既形之於文，仍須隨時加以修飾之功」，然後引日人遍照金剛文鏡秘府論四定位篇文，以提供讀者參閱。同篇註(八)釋「故三準既定」一節大意時云：「此節論裁，裁者剪裁浮詞之謂，史通敘事篇論省句省字之法，至爲精覈，茲錄之於左」。又說：「史通點煩篇，其法甚善，惜已缺佚。文選載干寶晉紀總論，與晉書元帝紀所載詳略不同，亦可以觀剪裁之法則」。類似此種情形，目的無非是提供足夠資料，盼讀者有推陳出新的發明。

(四)蒐亡輯佚，俾便省覽：劉勰著文心，百代之菁華，盡萃乎此矣。而所引篇章，居今已多不可復得，久爲後學的憾事。范氏以爲「若引文見存，無論是習見或罕遇，均悉數抄入，俾便省覽。」不過如兩京、三都，楚辭衆篇，馬融廣成，陸機辨亡之類，或因卷帙累積，或以文字冗繁，所以註文但記出處，不加迻錄。如文心雕龍原道篇末，錄易經乾文言、坤文言。明詩篇註(九)釋「太康敗德，五子咸諷」，迭引墨子非樂、史記夏本紀、僞古文尚書五子之歌。閱讀此書，只要一註在目，有關原典出處，詳細內容，自然有臨鏡窺形，淸晰可辨之妙。

（五）舊文難解，附加考訂：因爲古人行文，詁訓深茂，不加註釋，頗難讀解。如鄭玄戒子書，「不爲父母昆弟所容」，根據陳仲魚跋，知「不」字衍文。晉書潘尼傳載其乘輿箴，序中所稱「高祖」，據顏氏家訓風操篇，知是「家祖」之誤。如此之類，范氏乘行文之便，亦隨時校正。這雖與文心的宏旨無關，但其治學的謹嚴，負責的態度，令人想望高風，時切仰慕。

（六）傳疑之文，刪要採錄：所謂傳疑之文，如李陵答蘇武書，諸葛亮後出師表等篇。彥和著述，雖未論及，而昔人雅好雌黃，頗可印證文事，故范氏也刪要採錄。至於時賢辨疑的言論，雖鋒穎特出，卓見頗多；但因未經論定，於是暫捐不載。足見范氏對資料的去取，由於態度審愼，故自有客觀的標準。

除了「例言」十條中，含有六點特色外，文心雕龍范註又附載以下所述的各種資料：如書裏首頁，列有「梁書劉勰傳」。次附「黃校本原序」，與「元校姓氏」。其次「例言」。「例言」之後，增錄日本鈴木虎雄先生作的「黃叔琳本文心雕龍校勘記」第一章「緒言」，第二章「校勘所用書目」。再以下為文心雕龍全書五十篇的「目錄」。又繼而為「文心雕龍徵引篇目」，計原道篇四種，正緯篇七種，辨騷篇十四種，明詩篇三十一種，樂府篇二十六種，詮賦篇十九種，頌贊篇二十四種，祝盟篇十五種，銘箴篇十五種，誄碑篇十八種，哀弔篇十八種，雜文篇八種，諧讔篇七種，史傳篇五種，論說篇十六種，詔策篇九種，檄移篇七種，封禪篇五種，章表篇九種，奏啟篇十四種，議對篇十一種，書記篇十五種，體性篇二種，通變篇四種，鎔裁篇四種，聲律篇五種，章句篇六種，麗辭篇六種，比興篇二種，夸飾篇一種，事類篇二種，附會篇一種，總術篇一種，時序篇五種，序志篇十一種，才略篇七種。實得引書篇目三十有六篇，三百四十八種。「范註」引文之富，衡諸以往或並世各新疏，罕有其匹。從而可知其對本書自視之高，對讀者寄望之殷；如果要說范氏平生精力盡萃乎此，亦不為過。以上所言，皆屬「范註」文心的重大優點。但長江大河，挾泥沙而俱下，故瑜中略瑕，殆不可免，以下將其可供商量之處，書之如後，就教於同道先進。

三、范註文心駁正

講到文心雕龍「范註」的瑕纇，約以別之，可分六類：

（一）采輯未備：資料為著述之首事，若資料采輯未備，不僅不可以著書，尤不可以淑世，所以欲著書淑世，對於有關資料的博搜約取，至屬刻不容緩。過去司馬遷紬金匱石室之書，周覽四海名山大川，與燕、趙豪傑交遊，然後始所以究天人之際，通古今之變，成一家之言⑦。班固爲蘭臺令史，繼父親班彪之業，該萬方，緯六經，函雅故，通古今，潛精積思二十餘年，將有漢十二世，二百三十年的歷史，作爲紀、表、志、傳凡百篇曰漢書⑧。就是司馬光修通鑑，也是從治平二年受詔，到神宗元豐七年成書，其間歷時十有九年。經他曾經採用的書籍，統計起來，除正史以外，雜史凡三百二十二種。書成後，其殘稿之留在洛陽者，尚積屋盈篋⑨。足見資料采輯，爲著述之首事。今觀文心雕龍「范註」，於有關資料多闕而未備。玆擧其特別顯著者，如：

「年譜」　夫知人必先論世，而論世又莫善於紀傳和編年。文心雕龍作者劉彥和，於梁書、南史皆有傳，但二傳多僅記姓名、籍貫、略歷而已，其生卒、行事，簡而欠詳。考「范註」書前首錄梁書劉勰傳，序志篇註㈥列有清朝劉毓崧書文心雕龍後，繼而范氏又詳加考訂，附綴於劉文之末，以補其未備。於此，可見他對此一問題有相當重視。過去楊明照作文心雕龍校注拾遺，開宗明義，就把他作的「梁書劉勰傳箋注」列於卷端。並且很懇切的說：「劉舍人的身世，梁書、南史皆語焉不詳。文集既佚，考索愈難，雖多方涉獵，而戈釣者仍不足成篇。爰就梁書本傳爲之箋註，或可稍知其人。惜生卒年月，終不可審爲缺然耳。」可是，事實上，關於劉彥和生平資料，居今可見的，並不僅局限於梁書、南史劉勰傳，以及劉毓崧的讀文心雕龍書後。

其他如：宋書卷八十一劉秀之傳，卷四十二劉穆之傳，南齊書劉祥傳，南史劉穆之傳，史記高祖本紀，齊悼惠王世家，漢興以來諸侯年表，漢書高帝紀，高五王傳，諸侯王表，王子侯表等，由此足以考見其家庭世系生平行事的大略。而文心雕龍中的序志、程器、原道、徵聖、宗經、正緯、辨騷等篇，更可由其中的行文措辭，得窺劉勰著書立說的旨趣與體例。至若南齊書高逸傳中的臧榮緒傳，梁書武帝本紀，昭明太子傳，鍾嶸傳，沈約傳，南史隱逸傳中的關康之傳，諸葛璩傳，以及釋慧皎高僧傳中的釋僧祐傳，釋僧護傳，釋僧柔傳，釋超辨傳，唐釋道宣撰的續高僧傳中的釋僧旻傳等，由此可以略知其受前代或當代人事、環境上的遭遇和影響。還有像南齊書王儉傳、十七王傳、竟陵文宣王子良傳、陸厥傳、孔稚圭傳、王融傳、梁書梁元帝本紀、簡文帝本紀、劉孝綽傳、王筠傳、蕭子顯傳、庾肩吾傳、范雲傳、謝朓傳、江淹傳、丘遲傳、徐勉傳等，從這裏更可以看出他和同代或前後期的學術界人士，彼此交往過從，相激相盪的關係。至於可資佐證的相關史料，如三藏記、法苑記、世界記、釋迦譜、弘明集，孔延之的會稽掇英總集，歐陽詢的藝文類聚，張溥的漢魏百三家集，嚴可均的全梁文，都是學者研究劉彥和生平事迹的旁證。以如此的資料，對這位距今一千五百年前的作家來說，已不能算少⑩。如果我們必欲求其毫無遺憾而後再譜劉氏的一生，恐怕永世不能竟其業。故註釋文心雕龍，首應博蒐資料，爲彥和劉氏作一年譜或年表，錄於書前。俾學者能讀其書，知其人，以便感應興發，收到觀摩勸善的效果。而范氏不此之作，竟因陋就簡，便宜行事，於書前底頁，僅列梁書本傳，本傳之中，於原引序志篇文，還以「文有書在，茲不復錄」爲由，加以删除。殊不知唐初魏徵撰梁書，他所見到的文心雕龍，和今本大有出入。今范氏既不錄原文，復不爲彥和編年，令讀者有泰山其頹，梁木其壞，望史傳而安仰的遺憾。此我所謂文心雕龍「范註」采輯未備者一也。

「板本」　讀書有二要，學者不可不知。一爲「知人」之事，一事「知書」之事。知人之事即編年紀傳，使學者由其生平行事之迹，逆考作者原始著述的心路歷程，此對於瞭解本書的內容、作意，甚而持論立說的傾向，幫助很大。知書之事，即版本翻刻。書須讀善本，尤其讀中國書，更需如此。因爲古人著書，多屬手鈔，唐、宋以後，雕版始見。手鈔尚不免筆下之誤，雕版尤易被手民所誤植，而發生魯魚亥豕的現象。如果再經拙人失校，則原書於幾經翻刻之後，其中誤奪、誤衍、顚倒、錯簡、缺佚、漏落的地方，勢必倍增，甚而到了不忍卒睹的地步。所以校書貴得善本，而讀書尤貴善本，道理就在乎此。劉彥和文心雕龍自齊和帝中興元、二年（西元五〇一）問成書後，經唐歷宋，由元至明、而清，而民國，已一千四百七十餘年。自清末王道士揭開敦煌密藏的序幕以來，唐人草書文心雕龍殘卷，即被發現於西陲。將之與俗本文心相較，兩者歧互之烈，簡直叫人咋舌。而殘卷的內容，只是上起原道篇贊「龜書呈貌。天文斯觀，民胥以効」，下訖諧讔篇第十五篇題。還不及全書的三分之一，另外三分之二以上的篇目，可以說到目前爲止，還沒有與殘卷同時，或更早的文獻相參校。宋本今無一存，元板之存於今日者，是至正乙未（西元一三五五）嘉禾本。所以居今而言校勘文心雕龍，如果能以元至正乙未嘉禾本爲底本，再參以明、清各家精心校勘的本子，應該可以使紛蠹之文，盡還舊觀，訛奪之處，咸秩無紊，整理出一個定本來。這當然是從事文心雕龍研究者，所一致努力的目標。通計在文心雕龍手鈔本方面，可以看得到的共有九種。九種之中，莫古於唐寫本文心雕龍殘卷。其次爲明永樂大典本，根據四庫全書文心雕龍提要，似清初尚存內府；但核對今本世界書局影印的永樂大典殘卷，則原鈔已不可見。其他四庫全書本文心雕龍，係由明嘉靖庚子（西元一五四○）歙邑汪一元校刻本而來。清謹軒本文心雕龍，出自何允中重編漢魏叢書本。至於四庫全書黃叔琳輯注本，又是就明楊升菴批點，梅慶生音註，和王惟儉訓故增益而成。其他季振宜、瞿子雍、張誕嘉、陳璞四家所藏的手鈔本，散聚存佚，多不可知。在單刻本方面，自阮華山宋本，到清末崇文書局本，共得十八種。其中原刻之在臺灣可見者，有明弘治甲子（西元一五○四）吳門本，明嘉靖庚子（西元一五四○）歙邑汪一元本，明萬曆壬午（西元一五八二）兩京遺編本，明何允中廣漢魏叢書本（西元一五九二），明說海彙編本，清王謨增訂漢魏叢書本（西元一七九一）。陷入大陸匪區者，有元至正乙未（西元一三五五）嘉禾本，明嘉靖癸卯（西元一五四三）佘誨本，明萬曆己卯（西元一五七九）張之象本，清光緒三年（西元一八七七）湖北崇文書局本。其他如阮華山宋本，胡夏客宋本，或傳聞異辭，或秘藏私家，皆史留空目，詳情不可知。在評註本方面有十三種。以宋朝辛處信文心雕龍註爲濫觴，其次是明萬曆己酉（西元一六〇九）王惟儉訓故本，萬曆四十年（西元一六一二）楊升菴批點，梅子庾音註本，萬曆壬子（西元一六一二）吳興淩雲刊五色套印本，金閶擁萬堂鍾惺秘書九種本，天啟二年（西元一六二二）梅氏第六次校定本，以及合刻五家言文言本。至清，又有康熙三十四年（西元一六九五）抱青閣本，乾隆六年（西元一七四一）姚刻黃註養素堂本，乾隆五十六年（西元一七九一）張松孫輯註本，道光十三年（西元一八三三）兩廣節署本。民國以來，以木刻方式印行的，有六年（西元一九一七）的龍溪精舍叢書本，以石印方式問世的，有十三年（西元一九二四）的掃葉山房本。至於校本方面，約二十種。如謝兆申校本、徐𤊹校本、錢允治校本、馮舒校本、何焯校本、葉石君校本、沈岩校本、吳翌鳳校本、張青芝校本、張紹仁、吳翌鳳合校本、吳騫校本、吳枚菴校本、孫樹杓校本、黃丕烈校本、顧廣圻傳校本、徐渭仁校本、顧、黃合校本、譚獻校本、孫詒讓校本、傳增湘校本，這些爲數不少的校本，眞能在臺灣見到的並不多。另外在選本方面如：梁書、南史之見於百衲本二十四史，王逸楚辭章句、廣文選、文體明辨、續文選、古論大觀、諸子彙函、尺牘新鈔、莒州志、古今圖書集成、陳仁錫諸子奇賞等十二種，都是非常難得的本子。以上所述關於文心雕龍傳世以來的手鈔本，單刻本、評註本、校本和選本，共七十二種，居今皆斑斑可考⑪。范氏正宜詳列文心雕龍古今相傳的板本於書前，使讀者不但藉此可知文心傳本流變之大略，更可以按圖索驥，作爲自我研究的依據。而今「范註」竟一無所考，更遑論著錄，此我所謂文心雕龍「范註」釆輯未備者二也。

「叙錄」 文心雕龍體大慮周，籠罩群言，古來學術界人士，都共尊它是藝苑的秘寶，文壇的奇葩。所以後人著述，與文心學理可以互相發明者，如稍事留意，是又不限於各家札記或文集；尤其自宋、元以迄於今的各種刻本的序跋，史志的著錄，更涵藏著有關這方面的大批資料。想作者於廣羅異本，覓工鋟版之餘，又瀝辭鐫思，將個人研究的心得，校讐的經過，對讀者的期望，藉著序文加以表達。如果我們能精理密會，卽令是片言隻字，亦足以發人深思。所以過去明朝梅慶生註文心，便曾經列舉了十七種以上的資料。此種資料，大多數是屬於版本的叙錄。可見梅氏於當時，早就具備了這種構想。刻本叙跋之居今可數者甚多，如元錢惟善至正乙未嘉禾本文心雕龍序、明王惟儉萬曆己酉本文心雕龍訓故序、曹學佺萬曆壬子梅慶生音註本文心雕龍序、都穆、馮允中弘治甲子吳門楊鳳繕本文心雕龍序、方元禎嘉靖庚子本文心雕龍序、程寬嘉靖辛丑建陽本文心雕龍序、佘誨嘉靖癸卯本文心雕龍序、葉聯芳、樂應奎嘉靖乙巳沙陽本文心雕龍序、載壐信父嘉靖丙寅本文心雕龍序、張之象萬曆己卯本文心雕龍序、伍讓萬曆辛卯本文心雕龍序、朱謀㙔萬曆癸巳本文心雕龍跋、顧起元萬曆己酉梅慶生音註本文心雕龍序、閔繩初楊升菴批點本文心雕龍引、胡維新、原一魁兩京遺編序、後序、王謨漢魏叢書本文心雕龍跋、張松孫清乾隆五十六年文心雕龍刻本序言、張樹代盧厚山制軍刻紀文達公批文心雕龍序、吳蘭修兩廣節署本文心雕龍跋、姚培謙黃叔琳養素堂本文心雕龍跋、顧廣圻文心雕龍校本跋、傅增湘徐興公校文心雕龍跋等⑫。此外，歷代名家的評語，更是字字精萃，胸臆獨出，堪資注意的地方很多。例如：楊愼、曹學佺、鍾惺以及紀昀諸人的文心雕龍評便是⑬。其次，史志著錄，也是可供考訂或了解文心的重要依據。由於前代史學家、目錄學家和藏書家，對文心雕龍類聚群分的不同，他們有時更用另外的角度，來考查文心雕龍的內蘊，所以精論奧語，往往流露於脣脗，呈現於筆墨。如將文心雕龍納於總集類的，有隋書經籍志、舊唐書經籍志、江南圖書館善本書目。歸入別集類的，有袁州本郡齋讀書志。入於集部的，有重編紅雨樓題跋、天祿琳琅書目續編、雙鑑樓善本書目、四庫全書薈要目、善本書室藏書志等。屬於文集類者，有文淵閣書目。古文類者，有行人司書目。屬於子雜類者，有菉竹堂書目，入於諸家詩文名選類者，有世善堂書目。屬文說類者，有衢州本郡州讀書志、絳雲樓書目。文史類者，有唐書藝文志、崇文總目、通志藝文略、遂初堂書目、直齋書錄解題、文獻通考經籍考、宋史藝文志、百川書志等。屬於詩文評類者，有國史經籍志、述古堂藏書目、四庫全書總目、四庫全書簡明目錄、鐵琴銅劍樓藏書目、八千卷樓書目、江蘇省立圖書館現存書目等。甚而還有不著類別者，如平津館鑑藏書記、莚圃善本書目、曝書雜記等。綜覽各史志的著錄分類，忽集忽史，忽子雜，忽古文，幾乎可以說是隨性所好，任意編排⑭。

以上所謂「板本序跋」「文心評語」史志著錄」，就文心本文而言，雖屬瑣細末節，但有關前人研究文心之成果、方法、態度，又往往藉此給讀者莫大的暗示或啟發，對提振「文心雕龍學」的研究層面而言，實具有高度的參考價值，應該鉅細靡遺，集結成編，俾讀者對照見義，以免翻檢之勞。但是「范註」文心，却置此不顧，所以幾十年來，研究者還只好牢守著文心雕龍本文，去校勘註釋；對於各種動態性的資料，只好面臨茫茫學海，望群書而興嘆了。此我所謂文心雕龍「范註」采輯未備者三也。

「遺著」　梁書劉勰傳稱彥和有「文集行於世」。可是隋書經籍志沒有著錄。南史劉勰傳删去此句，看情形，此一文集，在唐朝初年的時候，已經亡佚不存了。餘如釋僧祐出三藏記卷十二法集雜記目錄，列有彥和所製的碑銘數篇，如鍾山定林上寺碑銘、建初寺初創碑銘、僧柔法師碑銘等。慧皎高僧傳，又言其作有釋超辯碑文、釋僧祐碑文。以上各文，居今只能見到它們的篇目，本文一篇也看不到。至若連篇目也看不到的，更不知道有多少了。這對於一位窮年點校，孜孜不倦的學者而言，實在令人言之傷心！所以有關彥和遺著，允宜盡力搜求。過去唐歐陽詢纂藝文類聚，卷七十六曾節引劉勰作的「梁建安王造剡山石城寺石像碑文」。清嚴可均輯全梁文，據南史本傳，轉錄「文心雕龍序志篇」，據弘明集卷八，轉錄「滅惑論」，又據藝文類聚逐錄「梁建安王造剡山石城寺石像碑文」，似不知孔延之的會稽掇英總集卷十六，尚保有碑文的全篇。其中「序志」已見文心書中，「論」及「碑文」亦應附錄，以見彥和劉氏藝文之一斑⑮。或以「論」附論說篇，「碑文」附誄碑篇或銘箴篇，用資啟發。俾觀彥和的文論與實際。如此，豈不更愈於「范註」例言中自云「古來賢哲，至多善言，隨宜錄入，可資發明」乎？

此我所謂文心雕龍「范註」采輯未備者四也。

（二）體例不當：凡一部獨立成家的著述，欲傳遠流長，必須具有獨立的觀點，堅定的立場，統一的體例。不僅使其前後一致，始終不變，尤應設計周延，無懈可擊。始能讓讀者有首尾圓合，條貫統序的印象。以下由「范註」的觀點、篇旨、行文、稱謂、篇卷等五方面，分別言之：

「觀點」　觀點不獨立，不僅不能做人做事，尤不能着書立說。以之做人，則如牆頭之草，隨風搖擺，永難立穩腳跟，看不出自家特有的面目；以之着書，如盲人瞎馬，既不知何所為而云然，尤不知何所為而不云然。是非既無標準，眞理自然難明，徒病支離，莫益勸戒。做人不能立定腳跟，只是害己，著書若無原則，最是害人。害己關係事小，害人關係事大，故述作不可不愼。式觀文心雕龍「范註」，書首「例言」後，列有日本「鈴木虎雄黃叔琳本文心雕龍校勘記」之第一章「緒言」，第二章「校勘所用書目」。鈴文完稿於民國十七年，即昭和三年，西元一九二八年。「范註」始印於民國十四年（西元一九二五），等到上海開明書店刋行「文心雕龍註」七册時，已經是二十五年的事了。據「范註」「例言」的說法，他認爲黃叔琳校本最善，所以他校釋文心，除了依據黃本外，再參以孫仲容手錄顧千里、黃蕘圃合校本、譚復堂校本、鈴木校勘記、趙萬里校唐人殘寫本等，似此，則鈴木校勘記不過是其參考的五種資料之一而已，沒有必要在參考其校勘記外，又迻錄這位日本學者的「緒言」與「校勘所用書目」，卽令是轉錄，「緒言」之後，亦不必再附其「所用書目」。所以「范註」將鈴木先生校勘記之「所用書目」，一字不易的載於書首，目的很可能是在揄揚鈴木先生的見多識廣，超邁前人。不然在當時李詳補註、黃季剛先生札記，均梓行可觀的情形下，而李補在書前固隻字未提，就是黃札亦僅散置註間。尤其是對於李補的「前言」，黃札的「題詞及略例」，在「范註」中絕不可睹，這是作者的刻意安排呢？或是本無所見呢？不過，不管作者是出於那一種不得已的情形，這種疏漏，總給讀者產生不可思議的感覺。同時，由於范氏對前人作品着錄的缺乏原則性，尤其只錄日本學者，不錄國內學者的事實，證明了范氏從事着述的觀點，至少在當時，其獨立意識，和國家思想有了偏差的傾向。再說「校勘所用書目」，是鈴木先生校勘黃本所用者，與「范註」何預？既無關係，而范氏竟連篇累牘，詳細開列其書目，來裝點自家的門面，這不倫不類的情形，實在最是不合着述的體例。

「篇旨」「范註」文心，對於各篇篇旨有釋有不釋，絕無體例可循。檢文心雕龍「范註」，其五十篇之篇題，原道、徵聖有註，宗經無註。正緯、辨騷有註，明詩、樂府、詮賦不註。頌讚、祝盟有註，銘箴、誄碑、哀弔、諧讔又不註。史傳、諸子有註，而論說、詔策、檄移無註。封禪有註、章表、奏啟、議對、書記無註。神思復有註，而體性不註。風骨引黃氏札記為註，通變引紀評黃氏札記為註，定勢有註，鎔裁、情采又引黃氏札記為註，聲律有註，章句、麗辭有註，比興又無註。夸飾有註，事類引黃氏札記為註，練字有註，隱秀又缺註。指瑕引黃氏札記為註，養氣、附會、總術、時序更不加註。物色有註，而才略又註，知音、程器失註。書末序志篇復援紀評為註。總計全書篇題之有註者二十有三，其他二十七篇無註。誠因彥和之着文心，分上下二篇，而各篇均以二字命題，各題均含有特殊的意義。現在卽以下篇二十五為例，神思、風骨、通變、定勢、情采、鎔裁、聲律、章句、麗辭、夸飾、事類、練字、指瑕、物色、才略、序志各篇皆有釋文，而沒有釋文的，有體性、比興、養氣、附會、總術、時序、知音、程器等，均須透過解釋，讀者始能了解全篇的旨趣。例如體性篇之言文章風格，比興篇之言比顯與隱，比附與起，以及興義銷亡，比體雲構之理。養氣篇之言慮明氣靜之法。附會篇之言附辭會義，卽如時下所謂之布局結構。總術篇之言文筆之分，與才之能通，必資曉術的關係。時序篇之言時代背景與文學的關係。知音篇之言讀者鑑賞與文學的關係。程器篇之言道德修爲與文學的關係。各篇篇題無不是言近指遠，事豐辭偉，如不細心推敲，光從文字表面，去顧名思義，不但容易發生誤解，尤難觀瀾索源，振葉尋根。而「范註」竟有釋有不釋，自是失之不檢。而衡諸着述之常規，豈非刺謬乎。

「行文」　讀文心雕龍，須首事校勘，而校勘行文又須有一定的體例，或隨文刋正，再加說明，或校附註中，不另單行，或先校後註，望文可見。總而言之，如何能夠達到展卷清晰，朗若列眉，先使書受我之益，而後讀者始能受書之益，這才是校勘的極致。觀「范註」文心，他的校勘方式，「例言」中既沒有明確的交代，我們便很難看出他行文的程序。所以他有時候隨文刋正，有時候又校附註中，有時校而不註，有時又別目單行，可謂五花八門，毫無體例可循。玆以原道篇爲例：如「至於林籟結響，調如竽瑟」句下雙行細字，引「孫云御覽五八一引作竹琴，明抄本御覽作竽琴」。「幽贊神明」句下，引「孫云御覽五八五引太作泰，贊作讚」。「洛書蘊乎九疇」句的「洛」字下，引「黃云案馮本洛作雒」。「玉版金鏤之實」句下，引「鈴木云御覽作寶」。「唐虞文章，則煥乎始盛」的「始」字下，引「馮本作爲，鈴木云御覽亦作爲」。又「鼓天下之動者」句下，云：「者字從御覽增」。其中引「黃云」指的是「黃叔琳」，「鈴木云」，是指日人「鈴木虎雄」。「馮本」，指「明弘治甲子（西元一五〇四）吳中刋本的馮允中」。這些都是一望其姓，便馬上可以推知其人的。至於「孫云」，觀文心雕龍「范註」第三頁所附「元校姓氏」三十四位校勘家中，以孫爲姓的有二，卽「孫汝澄字無撓」，「孫良蔚字文若」。此處所謂的「孫云」，究竟指的是孫汝澄呢？或孫良蔚？實在令人費解。再如校「鼓天下之動者」句，云「者字從御覽增」，到底所增者又是何人？可以說都沒有明確的交代。不僅如此，同篇第二段首行「幽贊神明」，本已引「孫云御覽五八五引太作泰，贊作讚」，以校上句「太極」的「太」，和本句的「贊」字，不意註（一七）在引完易說卦，以及韓康伯注，說明本句出處，和解釋幽、贊二詞後，復援顧千里曰：「『幽贊神明，舊本作讚是也。易釋文云：幽贊，本或作讚。孔龢碑幽讚神明，白石君碑幽讚天地，漢人正用讚字。』孫詒讓札迻十二：『彥和用經語，多從別本，如幽讚神明，本易釋文別本。』」兩家的說法，來校「贊」字，到底「贊」「讚」爲用，以那一個字最恰當，范氏根本不作定論。然而在同篇末段「贊曰」，註（三六）引易經說卦及韓康伯注，與註（一七）全同外，最後下以己意，云：「說文無讚字，自以作贊爲是。」若照范說，說文無「讚」字，以作「贊」爲是，則前註（一七）引顧校又當何說？尤其文心雕龍之用字，嚴格的說起來，並沒有統一性，例如用「讚」造成的句子，共二十有一，用「贊」造句的，除每篇「贊曰」不計外，約有五次。如果依「贊」字的詞性而言，據韓康伯易經說卦傳注：「贊，明也」，則頌讚篇彥和也自言：「讚者，明也」，「贊」「讚」詞性亦無不相同。而「范註」不援文心雕龍本書文例相證，竟以說文著錄之有無，斷定文心用字的是非，未免捨近圖遠。何況一字之校，或在正文當字之下，或雜於文末附註之中，或前無定論而後決是非，或不顧文例而誤引他書，令人展卷之下，瞀瞀然不知所從，皆由於不嚴定校書之體例害之也。

「稱謂」 「范註」文心雕龍「例言」第九條云：「注中所稱黃先生，卽蘄春季剛師，陳先生卽象山伯弢師。其餘友人則稱某君。前輩則稱某先生。着其姓字，以識不忘」。所言「稱謂」之例，方法至爲妥恰。惟遍檢全書，不按成規而自陷矛盾的地方，亦俯拾卽是。如「黃先生」，原道篇註（二〇）、（二七）、（二八），辨騷篇註（一八），均稱「黃先生曰」，不明出處、明詩篇註（一九），於「黃先生」下，突加「詩品講疏」或「講疏」字樣。可是於同篇註（三三）、（三四），却只列出處「詩品講疏云」，又略去「黃先生」。同篇註（三七），則只引「黃先生曰」。他如樂府篇註（二六）、（三二）、（三八），書記篇註（二）、（五五）、（五八）、（六〇），復以「黃先生曰」爲稱。以此再覩神思以下各篇，於神思篇註（三）云：「黃先生文心雕龍札記（以下簡稱札記）」，不但人、書兩引，又附「簡稱」，與書記篇以前「稱謂」之例斷然不同，似乎以前稱「黃先生曰」，以後改稱「札記曰」了，然而在風骨篇註（四），竟出現「黃先生論之詳矣」，此「黃先生」依例應指「季剛先生」，但「論之詳矣」，究指何書所論？是「詩品講疏」或「文心雕龍札記」？殊費猜疑；且既云「以下簡稱札記」，又爲何一反往例，復用「黃先生」？這些都是與「稱謂」之例大相乖違的地方。其次，再以范氏註文心，所據黃叔琳本而言，全書「稱謂」，更是彼此歧互，逕庭最烈。如正緯篇註（二四）稱「黃叔琳曰」，宗經篇註（二一）稱「黃注」，明詩篇註（三一）亦稱「黃注」，而樂府篇註（二三）作「黃注云」，多「云」字。以下各篇多稱「黃注」，而不「云」。但神思篇註（二六），却直稱「黃叔琳曰」。自此以下，或「黃注」或「黃叔琳曰」，更沒有成規，似又委心逐辭，隨意安排。玆根據范氏所謂「前輩稱某先生」之例來說，太炎章氏可謂范氏的前輩了，據林師景伊的「章太炎先生傳」⑯，知「先生諱炳麟，字太炎。」則「炳麟」乃先生之名，「太炎」實先生之字，甚是明晰；而「范註」文心原道篇却引「章炳麟國故論衡文學總略篇曰」，此不僅無「先生」之稱，且直呼其名。頌讚篇註（二三），引黃叔琳曰，釋「其大體所底，如斯而已」後，繼而錄章氏之辨詩一節，却又改稱「章太炎」，前後不一，矛盾自陷，自是不可原諒的缺失。又李詳亦可說是范氏之前輩矣，在清宣統元年三月，著文心雕龍注補正，分期刊行於國粹學報，「范註」文心也時相徵引，不但稱謂直呼其名，不加「先生」或「審言」的字號，即使「書名」也前後不符。如原道篇註（三一），釋「制詩緝頌，斧藻群言」，引李詳補正以校「剬」字時，稱「李詳文心雕龍黃注補正」，本無可議，但辨騷篇註（一）釋篇旨，復錄「李詳文心雕龍注補正」之說，但書名後的括號內，又有「見己酉年國粹學報文篇」。此說明不見於首引，而置之於此，自是本末倒置，不合著述的體例。尤有甚者，同篇註（二四）引李文時，則爲「李詳黃注補正（見己酉年國粹學報文篇）」，除書名不同外，其他重出。至若總術篇附錄引李文，則既不曰「李詳文心雕龍黃注補正」，也不書「李詳黃注補正」，改稱爲「李詳云」。這和他在前後各註稱謂之常例，更是斷然不同。類似此等情形，除以上所述各點，一望可知其誤外，其他名號不應，稱謂乖舛的，不能盡擇。事雖屬細微末節，但關係著作的態度甚大，特將其覼縷記存，盼學者擇善而從可也。

「篇卷」 人之對古書從事注釋，窮年點校，疏通證明的目的，就在便利後進，俾能一卷在手，萬事畢羅。因此凡引書、引文、引說，不僅要注明出處，就連其篇名卷帙，也要一併錄入。此不但表示作者對本書負責認眞的態度，更可以讓讀者有藉着引書、引文、引說去按圖索驥，對照原始資料的便利。今按文心雕龍「范註」則不盡然，如原道篇註（一）引顧千里云，註（七）孫君蜀丞曰，註（一四）孫君蜀丞云，註（二〇）、（二七）、（二八）黃先生曰，徵聖篇註（二四）黃叔琳曰、（二五）趙君萬里曰，宗經篇註（一五）陳先生曰，明詩篇註（一四）郝懿行曰，諸子篇註（五二）李君雁晴曰，聲律篇註（二一）劉氏云、元氏云。以上所謂「云」，所謂「曰」者，究竟是據何書而云然？據何書而爲說？令人讀來有如入荒山，榛莽塞途，四顧茫茫，莫知所從之感。而「范註」「例言」第四條却強調說：「凡有徵引者，必詳記著書人姓氏及書名卷數」，觀乎前述各例，是爻大謬不然者矣！至於全書各註引許愼說文，多不標明部首，引堯典，不說是出於尙書，用文選注佐證彥和文論，間或不出「李善」之名。援困學記聞以立說，而不錄「王應麟」，皆不合旣定的體例。

（三）立說乖謬：文心雕龍集往古文論的大成，百代的精華盡萃乎此。加以彥和行文用駢儷，內容奧傳，辭采華茂，讀時，如稍不經意，便很容易得言忘意，而落入邊際。所以硏究文心雕龍，必先破除「文字」障，然後進一步直探本源，才能突破「理」障。而我們攻堅的重要關鍵，應該放在「序志」一篇上。劉彥和不云乎：「長懷序志，以馭羣篇」⑰，旣然序志是控馭全書四十九篇的鑰匙，所以要想打開這座文論寶典的密藏，如不從「序志」下手，便是舍本逐末，不辨是非。「范註」文心雕龍，仍然不能完全擺脫傳統圈點評校的積習，並沒有運用到近代西洋治學的方法，作通盤性的整理與歸納，以至於文心雕龍經過他的註解後，還是局限於平面而靜態資料的整理。現在姑且以「范註」於原道、神思兩篇首註，列的兩份圖表爲例，看一看他對文心雕龍眞正瞭解到甚麼程度。

原道篇註（二）云：「……文心上篇凡二十五篇，排比至有倫序，列表如下：」

文類

- （五）辨騷（詩）　軒翥詩人之後，奮飛辭家之前，故為文類之首。
- （六）明詩（詩）　詩原上古，體備兩漢，故次於騷。
- （七）樂府（詩）　詩為樂心，聲為樂體，故與詩並。
- （八）詮賦（詩）　拓宇楚辭，盛於漢代，故次於詩。
- （九）頌讚（詩）　詩之流裔。
- （十）祝盟（禮）　告於鬼神，禮之大者。
- （十一）銘箴（禮）　銘勒功德，箴禦過失，生人之事，故次祝盟。

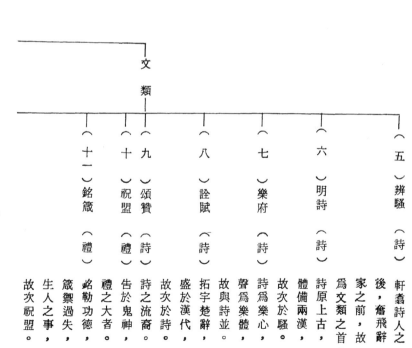

（一）原道──（二）徵聖──（三）宗經

（道沿聖以垂文，聖因文而明道，文體繁變，皆出於經。）

（十七）諸子

（鬻惟文友，李實孔師，聖賢並世，經子異流。）

（四）正緯

（配經曰緯。）

文筆雜

（十二）誄碑（禮）樹碑述亡，死人之事，故次銘箴。

（十三）哀弔（禮）哀夭橫，弔災亡，故次誄碑。

（十四）雜文

（十五）諧隱

雜文諧隱，筆文雜用，故列在文筆二類之間。

（十六）史傳（春秋）史肇軒黃，體備周孔，記事載言，六經皆史，故爲筆類之首。

（十八）論說（易）述經敍理曰論。又博明萬事爲子，適辨一理爲論，故次諸子。

（十九）詔策（書）帝王號令，衍自尚書。

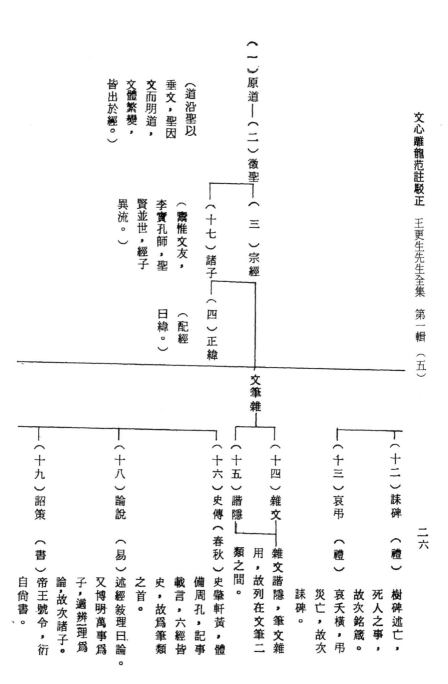

筆類

- （二十）檄移（春秋）國之大事，惟戎與祭，事出非常，故次詔策。
- （二十一）封禪（禮）登岱祀天，祭之大者。
- （二十二）章表（書）
- （二十三）奏啓（書）
- （二十四）議對（書）
  - 章表奏議，經國樞機，章以謝恩，表以陳情，奏以按劾，議以執異，事有重輕，故三者相次。
- （二十五）書記（書）雜記庶事，故次於末。

文心雕龍全書五十篇；按照序志篇的說法，最有倫序，其組織的嚴密，條理的完備，盱衡古今名著，罕有其四，彥和云：「蓋文心之作也，本乎道，師乎聖，體乎經，酌乎緯，變乎騷，文之樞紐，亦云極矣。若乃論文敘筆，則囿別區分，原始以表末，釋名以章義，選文以定篇，敷理以舉統，上篇以上，綱領明矣。至於剖情析采，籠圈條貫，摛神性，圖風勢，苞會通，閱

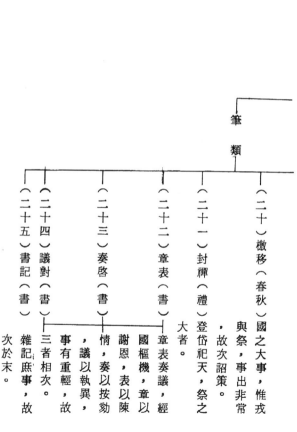

聲字，崇替於時序，褒貶於才略，怊悵於知音，耿介於程器，長懷序志，以馭群篇，下篇以下，毛目顯矣。位理定名，彰乎大易之數，其爲文用，四十九篇而已。⑱」據此以觀范氏的上篇二十五篇的組織表，我覺得至少有三個地方值得商量。

第一、組織體系毫無根據：我們想要明瞭文心雕龍的組織體系，必須根據作者劉彥和自己的說法，才是追根究柢，正本清源。從前面所引的序志篇文分析，全書應該分爲「文原論」、「文體論」、「文術論」、「文評論」、「緒論」五部分。「文原論」包括卷一原道至辨騷五篇，所謂「文之樞紐」是也。「文體論」應包括卷二到卷五，也就是由明詩至書記二十篇，所謂「論文叙筆，囿別區分」是也。「文術論」應包括卷六到卷九，就是由神思至總術二十篇，所謂「剖情析采，籠圈條貫」是也。「文評論」應包括由時序至程器四篇，所謂「崇替、褒貶、怊悵、耿介」是也。「緒論」即序志一篇，所謂「長懷序志，以馭羣篇」是也。用此以繩范氏的上篇二十五篇的組織表，顯然看得出來范表的組織體系是毫無依據的。

第二、排列順序錯誤：由於順序排列錯誤，致上篇二十五篇中「文原論」與「文體論」不分。實際上，不分並不構成嚴重的錯誤，其所以發生嚴重錯誤者，端在次序顚倒，嚴重違背了劉彥和的自爲法。如「文體論」中的「諸子篇」與「文原論」中的「宗經篇」並列，「文原論」中的「正緯篇」，錯置於「諸子篇」下，「辨騷篇」改入「文體論」。其次劉勰自謂是「論文叙筆，囿別區分」，所以「文體論」應該「文筆」兩分，才事與理合。而范氏不察，竟以今人之心，度古人之腹，將「文體論」三分為「文類」「文筆雜類」「筆類」。如果依照成規，注解必忠於本文的原則，則范氏犯的錯誤，可說已到了不可原諒的地步。「范註」所以將「諸子篇」與「宗經篇」並列，以及把「正緯篇」置於「諸子篇」下，這完全是受了傳統經生的影響。以為應將羣經和諸子相提並論，殊不知劉勰之著文心，其基本態度，在跨越馬、鄭的舊觀，肯定文學的價值。他不但用文學的觀點去看經學，更甚而把史學、子學，纖緯之學，都兼收並蓄，一起納入文學領域裏來，然後才能別具慧眼，成其博大精深⑲。關於這一點，我們可以從諸子篇中，劉勰從宗經的觀點，分述了各家的思想，歸納為「純粹」和「踳駁」兩類之後，又說：「洽聞之士，宜撮綱要，覽華而食實，棄邪而採正，極睇參差，亦學家之壯觀也。」正緯篇也說：「事豐奇偉，辭富膏腴，無益經典而有助文章。」這種「翫華而不墜其實，酌奇而不失其貞」，不分經典與緯書，史學或子學，只要有益文章，便把它看成是秘寶奇葩，試想這是何等的胸襟！何等的氣魄！然而范氏誤墮傳統經生的窠臼，不能自拔，將經子並列，緯書置於諸子之下，此誠不合排列的順序，且尤無視於彥和搦筆和墨的初衷。相信人若死而有知，我不知彥和將如何瞑目於九泉也。

第三、不辨是非。「辨騷篇」之入「文原論」，為劉彥和的文學基本原理，殆不可疑。因為序志篇所謂的「文之樞紐，亦云極矣」，就曾經特別强調「變乎騷」，「變乎騷」之「變」，與「辨騷」之「辨」，其中一字之別，我們就可以看出彥和設篇的精義，和楚辭在中國文學上承先啟後的地位了。不僅如此；而「辨騷」篇之絕非「文體論」，又可以從行文體例上加以證明。凡「文體論」各篇，彥和在「論文叙筆」時，無不是循着「原始以表末，釋名以章義，選文以定篇，敷理以擧統」四大綱領去說明的⑳，以此分析「辨騷」篇的結構布局，首叙騷辭之興起，與各家評述之非是。先給「辨」字作一地步，重點當然放在騷辭與經典的異同上。繼而各擧四個實例，證明「經」「騷」的區別，並以「楚辭者，體憲於三代，而風雜於戰國，乃雅頌之博徒，而詞賦之英傑。」、「觀其骨鯁所樹，肌膚所附，雖取鎔經旨，亦自鑄偉辭」㉑，作檢討的結論。在此他把屈宋的騷賦，看成是「雅頌之博徒，詞賦之英傑」，「取鎔經旨，自鑄偉辭」。其行文方式與「正緯篇」相同，起初都是貼着五經立說，到最後再由經學拓展到文學。他一方面是祖述經典，一方面又突破經典，把屈原秉賦沈滯鬱伊的理智，狷介不阿的個性，炙熱奔放的情感，以及靈活生動的語態，不但氣勢邁往，有凌駕古人的成就；而且辭開來世，適合後代寫作的需要。尤其他那驚人的辭藻，絕代的風華，實不愧爲兩漢辭賦的開山。所以「辨騷」一篇，是上承經典，下開漢賦的軸心，爲中國文學發展史上的大關捩，大經絡。百世以下，文學的變遷，如追究其來龍去脈的話，也必以此爲基因，才能在渾渾無涯的文學思潮裏，找出它的眞面目。「辨騷」之爲「文原論」，不管從任何角度上看，都是無庸置疑的。而范氏竟入「辨騷篇」於「文體論」之首，此不但昧於楚辭在中國文學流變中，承先啟後的地位，尤不了解彥和設篇分類的心路歷程。

神思篇註（一）云：「文心上篇剖析文體，爲辨章體製之論；下篇商榷文術，爲提挈綱維之言。上篇分區別囿，恢宏而明約，下篇探幽索隱，精微而暢朗。孫梅四六叢話謂彥和此書，總括大凡，妙抉其心，五十篇之內，百代之精華備矣，知言哉！茲將下篇二十篇，列表於次，可以知其組織之靡密：」

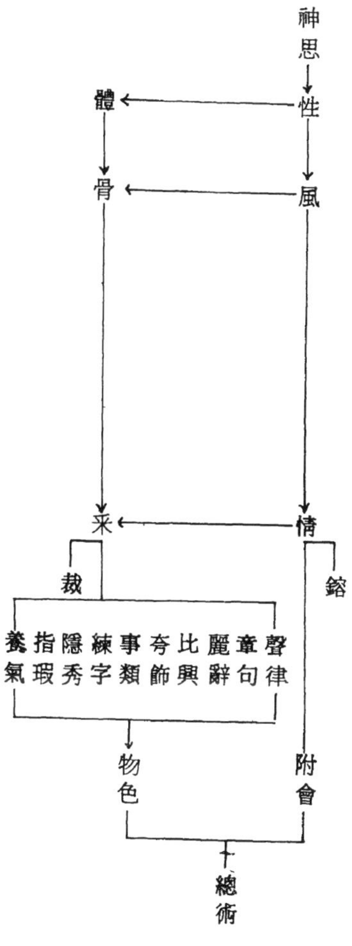

范表爲了適應「剖情析采」的對稱性，致「體性」分途，「風骨」異轍，「通變」「定勢」尤不知所安，散置於衆篇之下，忽視了它們在文學創作上，無分軒輊的地位。至於「附會」「物色」，又何以此疆彼界，斷分「情」「采」，使兩者望異路而爭驅？在這方面，范氏均缺乏詳細的說明。筆者認爲彥和對「創作論」的舖叙方法，較諸「文體論」迥然不同。如序志篇言「創作論」是「剖情析采，則籠圈條貫，摛神性，圖風勢，苞會通，閱聲字。」言「文體論」是「論文敘筆，則囿別區分，原始以表末，釋名以章義，選文以定篇，敷理以擧統。」所謂「文」「筆」，指文章的體類，體類可以「囿別區分」。因此由「原始表末」，而「釋名章義」，而「選文定篇」，而「敷理擧統」，採層次遞進法，所以結語有「綱擧目張，明白可見」的話。至於「情采」，指文學創作的整體。文學創作是不可能「囿別區分」的，因而改用「籠圈條貫」的方式。就其範圍籠而圈之，因其情采條以貫之，取衆星拱月法，或摛、或圖、或苞、或閱，所以最後有「粗擧毛目，顯然可知」的結語。其次，從創作論二十篇的內容上諦觀，雖各篇義有偏重，但皆情采相宜，既不單獨言情，也不絕對言采。神思、體性、風骨、通變、定勢五篇，姑無論矣；他如情采篇「文不滅質，博不溺心」，鎔裁篇「萬趣會文，不離辭情」，聲律篇「聲含宮商，肇自血氣」，章句篇「外文綺交，內義脈注」，麗辭篇「必使理圓事密，聯璧其章」，比興篇「比類雖繁，以切至爲貴」，夸飾篇「夸過其理，則名實兩乖」，都折中至當，無過與不及之弊。基於以上兩點認識，再來看范氏的這張文心下篇二十篇的組織表，便覺得在「籠圈條貫」中，不能彰顯「創作論」情采密備的功用。他所以會造成不可收拾的錯誤，原因是由於不知道彥和的文學創作論，是首尾一貫，前呼後應的整體，何況「創作論」爲彥和自道寫作的苦心。其間必有他自家的血脈經絡，如果我們眞能批隙導窾，找到這個脈絡的話，正所謂「衆理雖繁，而無倒置之乖；羣言雖多，而無棼絲之亂」㉒，整個的創作體系，便如網在綱，一目了然了。過去范氏曾發明文心行文之例；是「文心各篇前後相銜，必於前篇之末，預告後篇之將論者」㉓，足以證明創作論二十篇之結構，如長江大河，其來也有自，其去也有歸，只可惜他自己沒能充分運用。

因此吾人欲觀彥和創作論的成規定例，還應該向統攝全論的總術篇裏去尋繹。「總術者，總括神思以至附會之旨，而丁寧鄭重以言之也。」故云：「才之能通，必資曉術，自非圓鑒區域，大判條例，豈能控引情源，制勝文苑哉。」所謂「圓鑒區域」，即序志篇之「囿別區分」，指上篇「文體論」而言，「大判條例」，即序志篇之「籠圈條貫」，指下篇「創作論」而言。黃季剛總術篇札記云：「彥和之撰斯文，意在提挈綱維，指陳樞要」，職是之故，筆者依照總術篇爲統貫文學創作的基本架構，把彥和在文學創作方面的所謂「定法」，重新製作一幅組織系統圖。化片段爲整體，務期原始要終，首尾一貫。

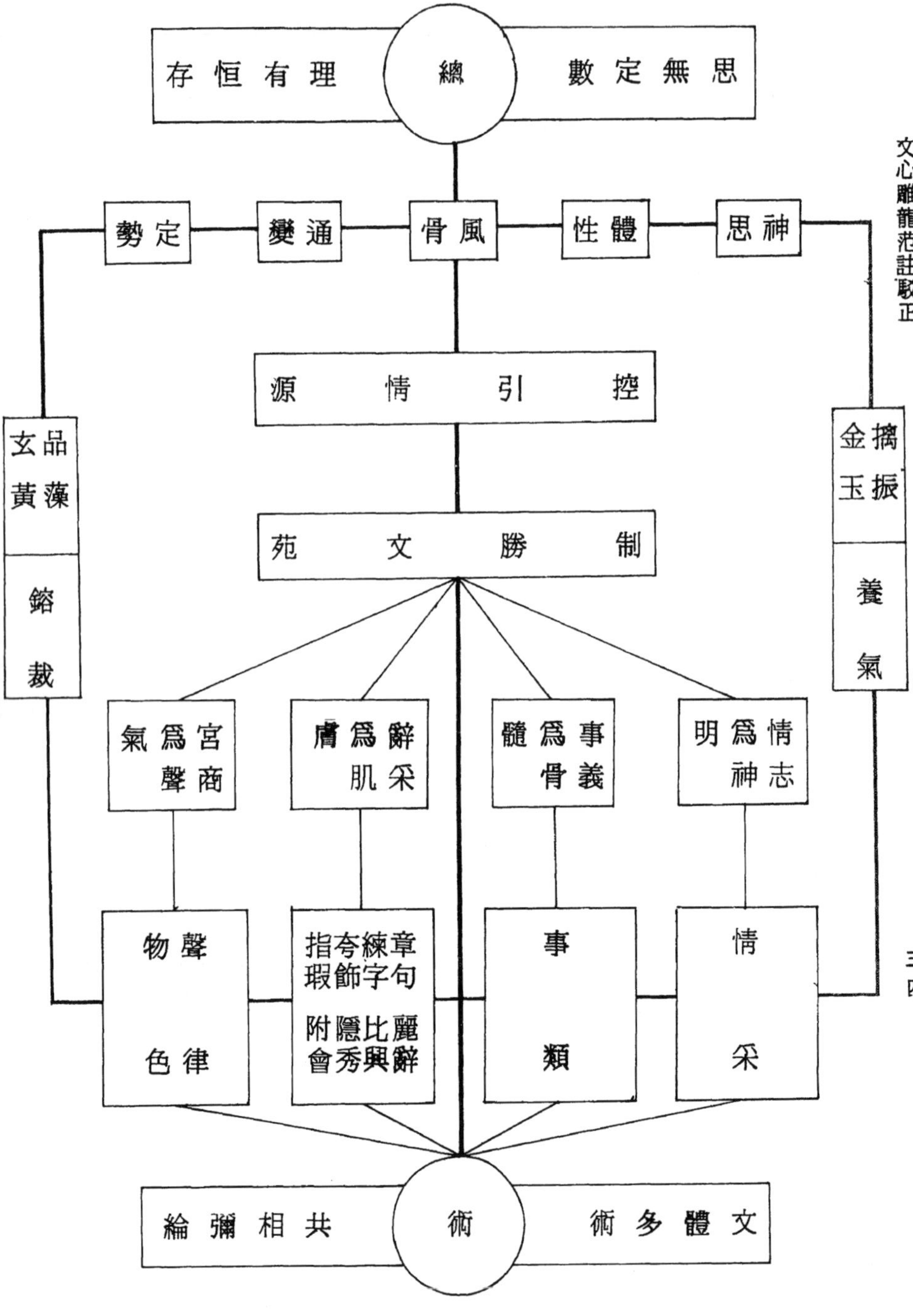
理有恒存
總
思無定數
定勢
通變
風骨
體性
神思
控引情源
制勝文苑
品藻玄黃
鎔裁
擒振金玉
養氣
宮商為聲氣
辭采為肌膚
事義為骨髓
情志為神明
聲律物色
章句練字夸飾指瑕
麗辭比興隱秀附會
事類
情采
共相彌綸
術
文體多術

蓋文能成章，不外兩個元素的適當配合，卽「情」「采」是已。為文的首要方法，在「控引情源」。情源既經控馭，則靈感自可呼之卽來，揮之卽去，得心應手，無往不利。寫作的眞正目的，是「制勝文苑」，所謂「采如宛虹之奮鬐，光若長離之振翼」，成「穎脫」的傑作。本文卽循此兩大核心，上標「總論」，下題「修辭」。

「總論」，論創作的原理原則。由神思、體性、風骨、通變、而定勢，皆行文運思的犖犖大端是情感之源，馭文之本，謀篇之端，缺一不可。可謂理論體系的五綱，「思無定數，理有恒存」，卽指此而言。「修辭」，論創作的方法技巧，其中可分四部分：有論情志者，有論事義者，有論辭采者，有論宮商者，聚則成文，散則無章。可謂理論體系的四目。「文體多術，共相彌綸」，就是這個意思。另外「養氣」為「神思」的餘義，補作者情志的不足。「鎔裁」為鎔義裁辭，乃「藝術」的加工。並貫串五綱四目之間，以見上下關係。用粗線勾勒者，表示創作論二十篇的統屬情形，用細線聯綴者，表示彼此前後的交互影響。而「總術」分嵌於兩極，蓋擧此以觀彥和文學創作理論的全體大用。所謂「驅萬塗於同歸，貞百慮於一致」者，或能彌補范表之罅漏，符合乎彥和創作體系的理想了㉔。

其他，如於「原道篇」釋彥和所稱之「道」，指「聖賢之大道」而言㉕，雖大體與徵聖、宗經之理不背，但已落入第二義，和「自然之道」略有偏差。「徵聖篇」釋所徵之「聖」，指「周公、孔子」而言㉖。事實上，徧檢此篇引說用事，與孔子無一不相關，而與周公又無一相關。范氏望文生義，可能是認爲彥和行文有「陪襯」一法。「宗經篇」以爲「訓經爲常，或是後起之義」，又云「疑六經之經，本呼爲金。古人凡巨典、寶訓，或鑄鐘鼎，或書金策，口曰金口，聲曰金聲。孔門弟子尊夫子刪定之書，稱之曰金，其經假經爲金，而本義遂湮沒不著。㉗」但毛傳云：「經，常也。」則訓經爲常，雖屬轉注，可是由來已久。范氏僅摘取耳食之言，別無佐證，自謂「妄說」，也可以算是不打自招了。「風骨篇」篇首，一準黃季剛札記，別無創見。而事實上，「風骨」一辭的異說，多達十餘種，後人爲它著文立說的，尤不下二十萬言㉘，范氏却一切置之不顧，這可說是學術上的「孤立主義」，是不足爲訓的。「序志篇」釋文心雕龍之著作旨趣，既有創見矣，但却漫引釋慧遠阿毗曇心序，謂：「彥和精湛佛理，文心之作，科條分明，往古所無。自書記篇以上，卽所謂界品也；神思以下，卽所謂問論也。蓋採取釋書法式而爲之。㉙」事實上，文心雕龍之所以以「心」名書，彥和開宗明義便說：「夫文心者，言爲文之用心也」，並舉涓子琴心，王孫巧心，明「心」之所本。援證十分確鑿，自不必多加臆測。今范氏竟附會及之，誠所謂「蔑視古作者之用心」。今人張立齋斥其「饒舌」㉚，不謂無因。

（四）校勘不精：文心雕龍之有校勘，首推宋史藝文志上所載的辛處信文心雕龍註十卷，惜已不不傳！其次，要算王惟儉的訓故本文心雕龍十卷，此書完成於明萬曆己酉（西元一六〇九）。較訓故本稍晚，而流傳頗廣的一個校註的本子，就是明萬曆四十年（西元一六一二），豫章梅氏刋刻的，楊升菴先生批點、梅慶生音註本的文心雕龍十卷。書中列有文心雕龍讐校姓氏十位，文心雕龍音註讐校姓氏二十一位，這種宏偉的氣象，眞可說是兼採衆家，獨出胸臆了。固然梅氏用心良苦。本書的缺點仍不斷被人發現，而作了種種調整。首先是吳興閔繩初，他覺得梅氏音註於每篇之中，有註有不註，故使人惜其不全，於是又尋考諸書，用以補遺。梅本每篇註隨文後，間斷篇第，閔氏特移各註於全書之末，以便參稽；至於人名，及鳥、獸、書篇之名，以二三小字，註於原文之下。因而他有劉子文心雕龍的校刻。第二個對楊批梅註的本子作改進工作的，是金陵聚錦堂。在天啟二年（西元一六二二）發行了第六次校刋本。此本內容大致同前，唯一和梅氏原刻相異的，是改二册裝爲四册裝或六册裝。清朝黃叔琳覺得「梅子庾自謂校正之功五倍於楊氏，然中間脫訛，故自不乏，似猶未得爲完善之本。」於是他就以梅註做基礎，旁搜遠紹，加以友朋的見聞，兼用衆本相比勘，正其字句。乾隆六年（西元一七四一）正式梓行，名黃叔琳輯注本文心雕龍，這也可以說是楊批梅註的第三次大革新。後來紀曉嵐又對黃註不滿意，於是在乾隆三十八年（西元一七七三）有評校本的出現㉛。民國十四年（西元一九二五）范氏文心雕龍講疏的出版，又是鑒於黃註紀評的「流傳已久，頗有紕謬」，乃憤而補苴，思所以爭勝前賢。但時至今日，我們如從范氏對原文的校勘方面觀察，其中誤校、失校，可供商量的地方很多，玆分別列敘如下：

關於誤校方面：

徵聖篇：「則聖文之情，見乎文辭矣。」

范註：「易下繫傳：『聖人之情見乎辭』，唐寫本無文字。案文謂文章，辭謂言辭。義有廣狹，似不可刪。尋繹語氣，亦應有文字。」

按：唐寫本無「文」字。今本「文」字，蓋涉上文「夫子文章」而衍。此處上句用論語，下句用易經繫辭，「辭」的本身，就含有「文辭」的意思，一言已足，無須更加「文」字。「范註」對此知之甚稔，故援易繫爲注，以說明彥和造語出處。但他却以爲「文謂文章，辭謂言辭」，「義有廣狹，似不可刪」。假使如此，則原道篇易曰：「鼓天下之動者存乎辭」，「辭之所以能鼓動天下者，迺道之文也」，句中「辭」字的含義，和這裏完全相同。如果照着范氏的說法，也作「言辭」來講的話，顯然和下「道之文也」句，發生衝突。且「辭」做「文辭」講，書中成例甚多，不待煩引。

又：「鑒周日月，妙極機神。」

范註：「機當作幾。易上繫辭：『唯幾也，故能成天下之務，唯神也，故不疾而速，不行而至。』韓康伯注云：『適動微之會則曰幾。』」

按：易繫辭上云：「夫易所以極深而研幾也。」陸氏音義云：「幾，本或作機」。是彥和行文用或本，孫詒讓文心雕龍札迻也說：「彥和用經語，多從別本。」既然有此成例，此處不煩改字可知。

宗經篇：「夫易惟談天……表裏之異體者也。」

范註：「陳先生曰：『宗經篇「易惟談天」至「表裏之異體者也」二百字，並本王仲宣荊州文學志文。』案仲宣文見藝文類聚三十八，御覽六百八。」

按：嚴可均輯王粲文，於荊州文學官志載此文，獨缺注出處。尋考其文：第一段「有漢荊州牧」至「大教之本也」，凡百九字，乃太平御覽六〇七引。第二段「乃命五業從事」，至「百氏備矣」，凡百八十八字，乃藝文類聚八十八引。獨第三段「夫易惟談天」，至「表裏之異體也」，凡百八十八字，不見他書所引。其下一條「天降純嘏」云云，注「藝文類聚三十八、御覽六百八」，而太平御覽實未引此文。遂聯想到「易惟談天」云云，卽誤以御覽六〇八所引文心之文爲王粲文，而留下致誤之迹於下一條。陳氏蓋據嚴輯全後漢文爲說，「范註」沿襲陳說，未加詳察，以至以訛傳訛。

又：「子夏嘆書，昭昭若日月之明，離離如星辰之行。」

范註：「唐寫本明字上有代字，行字上有錯字，荊州文學志無代錯二字。」

按：「代」「錯」二字原脫，當據唐寫本並徵尚書大傳及孔叢子補。大傳略說云：「子夏讀書畢，見於夫子。夫子問焉，子何爲書？子夏對曰：書之論事也，昭昭如日月之代明，離離若參辰之錯行。」禮記中庸也有：「辟如四時之錯行，如日月之代明。」亦堪爲旁證。

辨騷篇：「觀茲四事，同於風雅者也。」

范註：「詩無典誥之體。彥和云：『觀茲四事，同於風雅。』似宜云『同於書詩。』」

按：張立齋註訂云：「風雅概而言之也。離騷本詩之別裁。同於風雅者，不違詩人之志，而同於詩人之旨也，故曰同。」斯波六郎范註補正亦云：「案如范說，下文『故論其典誥則如彼』之『典誥』，亦應改爲『書、詩』。如以彥和此之『風雅』與彼之『典誥』互文而言，此『風雅』不應改。」且「典誥之體」者，言其「文體」得尚書堯、舜二典和大禹謨及湯誥之體要，非體裁之謂，范氏擬改「典誥爲詩書」，毫無根據，非是。

明詩篇：「自商暨周，雅頌圓備。」

范註：「校勘記：『案圓字可疑，下文云亦云周備。圓疑周字訛。』」

按：如依「范註」，「圓備」爲「周備」之訛，但與下文「亦云周備」重複。且以「圓」爲詞的如「圓通」，見於明詩、論說、封禪篇。「圓該」、「圓照」，見於知音篇。「圓合」，見於鎔裁篇。「圓覽」，見於比興篇。「圓鑒」，見於總術篇。不僅爲彥和所常用，又「

圓備」亦見於文鏡秘府論南卷「理貴於圓備，言資於順序」。故范引校勘記說不可從。

樂府篇：「詩官採言，樂盲被律。」

范註：「詩大序引鄭答張逸云：『國史採衆詩時，明其好惡，令瞽矇歌之，其無作主，皆國史主之，令可歌。』周禮瞽矇：『掌九德六詩之歌以役大師。』此云樂盲，當指大師瞽矇而言。」

按：「盲」當依唐寫本作「胥」。玉海一百六引正作「胥」，注云：「原作胥，許改作盲。」是黃本誤改爲「盲」。周禮春官大司樂：「大胥中士四人，小胥下士八人。」禮記王制：「小胥大胥」。鄭注：「胥，樂官也。」（文王世子：「大胥贊之」，注同。）尚書大傳略說：「胥與就膳」，注：「胥，樂官也。」此作「樂胥」，與上句「詩官」對文，也可作爲旁證。范氏依黃本之誤說爲言，失之不考。

又：「至宣帝雅頌，詩效鹿鳴。」

范註：「唐寫本作『至宣帝雅詩，頗效鹿鳴。』案宣帝時君臣侈言福應，正宜有頌字方合。」

按：此二句當從唐寫本，蓋「頗」初誤爲「頌」，繼又誤乙在「詩」前。「頗效」與下句「稍廣」對文。而范氏引王褒傳與禮樂志，以爲有「頌」字，方合宣帝時君臣侈言福應之事，而事實上，所謂「雅詩」指褒之中和樂職宣布詩，不必要爲頌。「效鹿鳴」指「選好事者，令依鹿鳴之聲，習而歌之」，非謂「詩效鹿鳴」。范氏臆說，不可從。

詮賦篇：「言庸無隘。」

范註：「唐寫本庸作曠，孫君蜀丞曰：『陸士衡文賦云，言曠者無隘，此彥和所本。』」

按：「言庸」當據唐寫本作「言曠」。「無隘」語出陸機文賦：「言窮者無隘，論達者唯曠。」而范引孫說，不加詳察，亦稱文賦云「言曠者無隘」，今文賦俱在，未知其何據而云然。

祝盟篇：「四海俱有。」

范註：「札迻十二『顧廣圻校云：「困學記聞卷十引尸子曰，舜兼愛百姓，務利天下，其田也荷彼耒耜，耕彼南畝，與四海俱有其利。」案尸子文見御覽八十一。其田也，作其田歷山也，無祠田之文，今無可考。』」

案：如王應麟困學記聞所言，卽彥和造語所本亦未可知。唐寫本有「與」字，與尸子合。范氏爲註，只引札迻，而不辨正然否，失之。

哀弔篇：「並斂于致語。」

范註：「致語，唐寫本作致詰，疑詰是結之誤。結，謂一篇之卒章也。」

按：「詰」字是。宋本御覽誤作「語」，而范氏疑作「結」。覲下句「影附賈氏，難爲並驅」；今誦長沙弔屈原文，自「訊曰」以下有致詰意。叔皮伯喈所作，雖無全璧，然據藝文類聚卷四十引蔡邕弔屈原文，卷五十六引班彪悼離騷文，也皆含致詰之詞。范說無據。

雜文篇：「崔實客議。」

范註：「客議，應作答議，崔實傳，實所著碑、論、箴、銘、答、七言、祠文、表記、書凡十五篇。答，卽此答議也。藝文類聚十五載答議文。」

按：「客議」不應遽改爲「答議」，蓋稱「答客議」是也。斯波六郎「范註」補正云：「答客議如答客難、答賓戲之類，或類聚作答議，彥和稱爲客議。」

又：「唯七厲敍賢。」

范註：「七厲當作七蘇，卽上所謂植義純正也。」

按：彥和所引作品，見於本傳者甚少，此「七厲」不應據本傳改爲「七蘇」。蓋崔瑗本傳作「七厲」，後亡佚，或稱「七厲」爲「七蘇」；然崔瑗爲馬融之誤，馬融作「七厲」，根據傳玄的七謨可知。

諧讔篇：「內怨爲俳也。」

范註：「俳當作誹。放言曰謗，微言曰誹。內怨，卽腹誹也。彥和之意，以爲在上者肆行貪虐，下民不敢明謗，則作爲隱語，以寄怨怒之情。故雖嗤戲形貌而不棄於經傳，與後世莠言嘲弄，不可同日而語也。」

按：「俳」字不應改，斯波六郎以爲「此俳字乃俳諧之意，上文歡謔之言，與下文諧辭相呼應。楊明照以「內讀爲納」，謂「內怨爲俳者，卽納怨爲戲也。」較「范註」爲勝。

史傳篇：「左史記事者，右史記言者。」

范註：「記事者，記言者，二者字疑衍。禮記玉藻曰：『動則左史書之，言則右史書之。』漢書藝文志：『左史記言，右史記事，事爲春秋，言爲尚書。』玉藻疏引六藝論同，與漢志反。杜預春秋左氏傳序正義云：『左是陽道，故令之記動，右是陰道，故使之記言，藝文志稱左史記言，右史記動，誤耳。』彥和用玉藻說。」

按：漢書藝文志：「左史記言，右史記事，事爲春秋，言爲尚書」，禮記玉藻疏引六藝論同，荀悅申鑒時事篇云：「左史記言，右史記動，動爲春秋，言爲尚書。」此彥和所本。淺人習見玉藻「動則左史書之，言則右史書之」之文，逕改此書。清黃以周禮書通故三四，對此辨之甚明。范氏不察，竟據後人誤改之本，以爲彥和用玉藻說，自是失之不考。

又：「荀張比之於遷固，非妄譽也。」

范註：「彥和謂荀張比之於遷固，張係張華，荀不知何人，豈勖嘗稱其書，既而又疾之耶？抑荀或范之誤。范頵表言『陳壽作三國志，辭多勸戒，明乎得失，有益風化。』或卽彥和所指，非妄譽也。」

按：范氏謂「荀」爲「范」之誤，不可從。華陽國志後賢志云：「吳平後，壽乃鳩合三國史，著魏吳蜀三書六十五篇，號三國志。又着古國志五十篇，品藻典雅。中書監荀勖，令張華，深愛之。以班固史遷，不足方也。」此卽彥和所本。荀卽荀勖，張卽張華，與范顗無涉可知。

又：「荀況稱錄遠略近。」

范註：「錄遠略近，見荀子非相篇，又見韓詩外傳卷三。彥和此篇，見解高絕。史通疑古惑經諸篇所由來也。」

按：荀子非相篇作「傳者久則論略，近則論詳。略而擧大，詳而擧細。」韓詩外傳三作「夫傳者久則愈略，近則愈詳，略則擧大，詳則擧細。」疑此爲彥和撮擧荀文。刻者又「遠」「近」誤倒，至不可解。今應乙正。

諸子篇：「適辨一理爲論。」

范註：「適，當作述，論說篇云：『述經叙理曰論。』」

按：「適辨」與上句「博明」相對爲文，范氏妄改「適」爲「述」，不可從。

詔策篇：「漢初定儀則，則命有四品。」

范註：「上則字疑當作法，史記叔孫通列傳：『定宗廟儀法，及稍定漢諸儀法，皆叔孫生爲太常所論著也。』本書章表篇：『漢定禮儀，則有四品。』本篇則五字爲句。則字有寫作劓者，傳寫者誤分爲二則字，因綴於上句而奪去法字。」

按：御覽五九三引「則」字不重，「命」字無。章表篇：「漢定禮制（宋本御覽五九四引作『漢初定制』明鈔本御覽作『漢初定儀』），則有四品」，與此正相發明。今本「則」字固誤重，而「命」字也是涉上文衍。范氏引史記叔孫通列傳文，以證上衍的「則」字，當作「法」，「命」字不衍，與本篇上下文例殊欠脗合，不可從。

又：「賜太守陳遂。」

范註：「宣帝微時，依許廣漢兄弟及祖母家史氏，其貧可知。陳遂杜陵豪右，何至博負而不償耶！宣帝謂我賜汝之尊官厚祿，可以抵償負汝之責矣。妻君寧云云者，猶言君寧知我所負之數，明足以相抵也。參以漢紀，語意更顯。宣帝與遂親厚，賜璽書以爲戲；遂恃有故恩，因曰事在赦令前，亦戲辭也。故漢書曰『其見厚如此』，彥和本文當作償博與陳遂。」

按：元本「責博士」三字，乃「償博于」之誤，梅本、黃本改爲「賜太守」，范引漢書游俠傳、荀悅漢紀及孫詒讓札迻十二，以爲當作「償博與」，梅、黃固因誤讀漢書妄改，而范氏之「償博與」亦應訂正爲「償博于」，蓋元版「責博士」，即此三字之形誤。

又：「兆民尹好。」

范註：「尹好，疑當作式好。式，語辭也。」

按：「尹」字於此固不可解，然與「式」形不近，無由致誤。所以楊明照校注：「疑係伊之殘字。」並徵漢書禮樂志顏注：「伊，是也」爲說。此處當作「伊」，而訓爲「是」，古今圖書集成一三七引正作「伊」，范氏臆說，無據。

封禪篇：「風末力寡。」

范註：「風末，當作風昧，即通變篇之風昧。」

按：范說不可從。史記韓長孺列傳：「衝風之末力，不能漂鴻毛。非初不勁，末力衰也。」此彥和所本。且通變篇亦作「風末」，風末者，風衰之意，不應妄改。

奏啟篇：「乃稱絕席之雄。」

范註：「絕席，疑當作奪席。後漢書儒林傳戴憑傳：『帝令羣臣能說經者，更相難詰，義有不通，輒奪其席，以益通者。憑遂重坐五十餘席。』黃注引王常傳：『常爲橫野大將軍，位次與諸將軍絕席。』似非其意。」

按：「絕」「奪」二字，形不相近，無緣致誤。楊明照云：「舍人蓋借用范書『絕席』之文，以喻其無縱詭隨耳！范氏以文害辭，以辭害意，過矣。」又來歙傳「賜歙班生絕席」，張禹傳「每朝見特贊，與三公絕席」，並有「絕席」之文。范說不可從。

又：「讜者，偏也。」

范註：「疑有脫字，似當云『讜者，正偏也』。洪範『無偏無黨，王道蕩蕩。』」

按：范氏謂有脫字甚是。惟作「正偏」似與下「王道有偏，乖乎蕩蕩」不相應，疑當作「無偏」。書洪範：「無偏無黨」文，足與此相發。

書記篇：「觀此四條。」

范註：「四條，疑當作六條。」

按：「四」字固然可疑，而「六」字亦爲未得。疑「四」乃「衆」之壞文。檄移篇：「凡此衆條」，銘箴篇：「詳觀衆條」，誄碑篇：「周胡衆條」，句法正與此同，范校非是。

神思篇：「而志氣統其關鍵。」

范註：「禮記孔子閒居：『清明在躬，氣志如神。』正義曰：『清，謂淸靜。明，謂顯着。氣志變化，微妙如神。』據禮記此文，志氣當作氣志。」

按：以「志氣」造語，爲彥和常用。除本文外，又如於書記篇「志氣盤桓，各含殊采」，風骨篇「斯乃化感之本源，志氣之符契也」，且「志氣」與「氣志」同義，原文似不必乙正。

體性篇：「才有天資。」

范註：「才有天資，有當作由。」

按：「有」自可通，不煩改字。玉海二百一引正作「有」。

又：「辭爲膚根。」

范註：「膚根，根當作葉。」

按：「膚根」當作「肌膚」。如辨騷篇：「骨鯁所樹，肌膚所附。」附會篇：「事義爲骨髓，辭采爲肌膚。」「骨髓」、「肌膚」，文例正與此同。范氏改根爲葉，作「膚葉」，可謂不辭。

又：「淫巧朱紫。」

范註：「朱紫，當作靑紫。」

按：「朱紫」不誤。正緯篇贊：「世歷二漢，朱紫騰沸。」詮賦篇：「如組織之品朱紫。」定勢篇：「宮商朱紫，隨勢各配。」用法並與此相同，不必改字。

通變篇：「彌近彌澹。」

范註：「說文：『澹，水搖也。』又『淡，薄味也。』彌澹，應作彌淡。」

按：「澹」與「淡」通。潘岳金谷集詩：「綠池汎淡淡。」注：「澹與淡同。」又本書時序第四十五：「篇體輕澹」，「澹思濃采」，亦其例。此借「澹」用爲「淡」。不必改字。

情采篇：「間色屛於紅紫。」

范註：「紅紫，疑當作靑紫，上文云，正采耀乎朱藍。」

按：「紅紫」不誤。蕭子顯南齊書文學傳論：「亦猶五色之有紅紫，八音之有鄭衞。」也以紅紫爲間色。且朱，正采，紅，間色，上文朱，下文紅，不相妨。而靑是正采，若改此「紅」作「靑」，違反事實。

麗辭篇：「並貴同心。」

范註：「紀評曰：『貴當作肩。』」

按：劉永濟校釋於上文「徵人之學」云：「今按當作『擬人貴學』，貴字誤入下文『並貴同心』句，『並貴』當依紀評作『並肩』，各本皆誤。」此爲彥和詮釋上句正對之例，引用「漢祖想枌楡，光武思白水」，意指漢祖，光武皆爲帝王，故云「並貴」，想枌楡，思白水，同是念鄉，故云「同心」，不必改爲「肩」字。於此不但紀說錯誤，劉說亦非。

又：「又以事對，各有反正，指類而求，萬條自昭然矣。」

范註：「紀評曰：『又以四句，當云指類而求，萬條自昭然矣，又言對事對，各有反正，於文義乃順。』案萬字衍，自爲目之誤，當作指類而求，條目昭然，卽上所云四對也。」

按：斯波六郎補正云：「『以』下疑脫『言對』二字。不必如紀說改。」「萬」字確非衍文，屬下句讀，因范氏誤「自」爲「目」，故有此說。楊明照舉正此已斥其妄。

比興篇：「依詩製騷，諷兼比興。」

范註：「諷兼比興，諷當作風，楚騷，楚風也。」

按：「諷」字不誤。漢書藝文志詩賦略：「楚臣屈原，離騷愛國，作賦以風，有惻隱古詩之義。」歆注：「風讀曰諷。」王逸楚辭章句離騷序：「離騷之文，依經取興，引類譬喻。」又後序：「屈原履忠被譖，憂悲愁思，獨依詩人之義，而作離騷，上以諷諫，下以自慰。」即其義。下文「炎漢雖盛，而辭人夸毗，詩刺道喪，故興義銷亡。」正是承此而言，若改「諷」爲「風」，文義不諧。

又：「信舊章矣。」

范註：「信當作倍，倍，即背也。」

按：范說不可從。所謂「舊章」，指漢以來之賦。「信舊章矣」，猶言「由來久矣。」詮賦篇：「信興楚而盛漢矣」，句法與此同。范改無據。

事類篇：「雞蹠必數千而飽矣。」

范註：「數千似當作數十，數千不將太多乎。」

按：凡人爲文，每多夸飾之詞。彥和於夸飾篇亦曾言之。如雞蹠數千，即謂「太多」，則所謂「周流七十二君」，其國安在？「白髮三千丈？」，其長誰施？呂氏春秋孟夏紀用衆篇云：「善學者，若齊王之食雞也，必食其跖數千而後足。」跖與蹠同。是彥和語本呂氏也。且本篇立論，務在博見，故言「狐腋非一皮能溫，雞跖必數千而飽。」皆喻學者取道衆多，然後爲優也。范氏蓋據淮南子說山文爲說，未免執一隅而擬萬端。故不可從。

練字篇：「倉頡者，李斯之所作，而鳥籀之遺體也。」

范註：「鳥籀當作史籀，藝文志云：『蒼頡七章，秦丞相李斯所作也。文字多取史籀。』說文序亦云：『斯作蒼頡篇，取史籀大篆。』倉頡所載皆小篆，而鳥蟲書別爲一體，以書幡信，與小篆同。」

按：范氏以「鳥籀」當作「史籀」，楊明照舉正非之，以爲「鳥字不誤，籀卽史籀的簡稱，鳥蓋指倉頡初作之書言。」說文敍云：「黃帝史官倉頡，見鳥獸蹏迒之迹，知分理之可相別異也，初造書契。」又云：「今序篆文，合以古籀。」彥和之所謂「鳥籀」，正如許君之云「古籀」然也。且如情采篇：「鏤心鳥迹之中」，也以「鳥迹」代替「文字」。且此文與上文相儷，上文云：「爾雅者，孔徒之所纂，而詩書之襟帶也。」彼以「詩書」並舉，此以「鳥籀」連稱，詞性亦同。若作「史籀」，則奇觚不合。

又：「雖文不必有，而體例不無。」

范註：「似當作而體非必無。」

按：「例」字不誤，其文意甚顯，不知范氏何據云然。所謂「體例不無」者，卽綜言上列四條，綴字屬篇，必須練擇之意，若改作「非」，則下承之「若值而莫悟，則非精解」，便失去根據，故知范校不可從。

附會篇：「夫才量學文，宜正體製。」

范註：「量疑當作優。或係傳寫之誤。殆由學優則仕意化成此語。」

按：楊明照舉正云：「『學優則仕』一文，與此語意各別，何嘗由其化成？疑原作量才學文，傳寫者誤倒耳。」宋本御覽五八五作「才童」，體性篇：「故童子雕琢，必先雅製」，語意與此同，作「才童」爲是。「范註」疑當作「才優」固非，楊氏疑原作「量才」，也校之未諦。

總術篇：「分經以典奧爲不刊。」

范註：「文心書中，屢以文筆分類，此處蓋專指顏氏分經傳爲言筆論之。」

按：黃校云：「疑有脫誤」，札記云：「分當作六」，劉永濟校釋云：「分爲六字之誤」。范氏不從札記，以爲是「指顏氏分經傳爲言筆論之」，恐非。

時序篇：「薰風詩於元后。」

范註：「詩於元后，疑當作詠於元后。」

按：楊明照舉正云：「詩字自通，無煩改字。」

又：「亦不可勝也。」

范註：「勝字下疑脫數字。」

按：「亦不可勝也」，自可通。文心雕龍他篇如程器、序志，雖俱有「不可勝數」之文，然此文作「勝」，有不可度越之意。故不煩增字曲解。

又：「庾以筆才逾親。」

范註：「逾親，當作愈親。」

按：逾與愈通。呂氏春秋務大云：「此所以欲榮而逾辱也。」注：「逾，益也。楚辭宋玉九辯：「美超遠而逾邁。」注：「逾，一作愈。」范氏當作之說，不可從。

程器篇：「仲宣輕脆以躁競。」

范註：「王粲輕脆躁競，未知其事。韋誕謂其肥戇，疑脆、肥，皆銳之譌也。體性篇云：『仲宣躁銳』。」

按：「輕脆」謂仲宣之缺點，本所有者，不應妄改爲「輕銳」。體性篇之「躁銳」，寧謂其特性，不必謂其缺點。此「躁競」，見魏志杜襲傳文：「襲嘗獨見，至于夜半，粲性躁競，起坐曰，不知公對杜襲道何等也。（和）洽笑答曰，天下事豈有盡耶？卿晝侍可矣，悒悒於此，欲兼之乎？」

序志篇：「彰乎大易之數。」

范註：「易上繫：『大衍之數五十，其用四十有九。』……，大易，疑當作大衍。」

按：彥和據繫辭之文，故意改「大衍」爲「大易」，以「大易」稱易之例，見正緯第四，又見抱朴子喻蔽篇。

關於范氏失校之處尤多，玆條舉如次：

原道篇：「爲五行之秀，實天地之心。」

按：「秀」下有「氣」字，「心」下有「生」字，原脫。楊明照校注云：「黃叔琳校云：『一本實上有人字，心下有生字。』按元刻本、汪一元本、佘誨本、張之象本、兩京遺編本、胡震亨本、凌雲本、合刻五家本、四庫全書文津閣本、何允中漢魏叢書本、崇文書局本、王謨漢魏叢書本，並與黃校一本同。梅慶生本人生二字無，各空一格。禮記禮運：『故人者，其天地之德，陰陽之交，鬼神之會，五行之秀氣也。……故人者，天地之心也，五行之端也，含味、別聲、被色而生者也。』爲舍人此文所本。疑原作爲五行之秀氣，實天地之心生，氣正作气，人其殘也。生字非羨文。下文『心生而言立』，卽緊承天地句。徵聖篇贊：『秀氣成采』，亦以秀氣連文。陸德明經典釋文序：『人稟二儀之淳和，含五行之秀氣』，又其旁證。」王利器新書校此二句，除徵引以上各本外，又考得不僅梅六次本剜去人字生字，黃本、張松孫本亦從之。二氏皆一致認爲「實」上有「人」字，「心」下有「生」字。而「范註」不察，只引黃校一本爲說，自屬失校。

又：「形立則章成矣，聲發則文生矣。」

按：「章成」、「文生」各與句首主語不相應，因文由形生，章以聲成，故情采篇之論形文、聲文，有所謂「五色雜而成黼黻，五音比而成韶夏」之說也。故李師斠詮訂正爲「形立則文生矣，聲發則章成矣」，范氏未能會通文心文例，以至失之不校。

又：「木鐸起而千里應。」

按：王氏新書云：「起各本作啟，梅改，黃本、張松孫本俱從之。」應據御覽五八五引，並楊明照校注徵汪本、佘本、張本、兩京遺編本、胡本、四庫本、何本、王本、崇文本正，而范氏失校。

徵聖篇：「先王聖化。」

按：「聖化」，唐寫本作「聲教」，文心練字篇有：「先王聲教，書必同文」，句法與此同，本可據此改正，而范氏失校。

又：「以文辭爲功。」

按：「文」應作「立」，形近致誤。唐寫本及黃校一作，並楊明照校注徵元本、活字本、佘本、張本、兩京本、梅本、淩本、胡本、合刻本、馮本、雲門子、四庫本、何本、王本、崇文本皆作「立」。其所以誤作「文」者，蓋妄據左襄二十五年傳改，而昧於下「多文」之詞性不合，且相重複。范氏不敢質定。

樂府篇：「故知季札觀辭。」

按：「觀辭」當為「觀樂」。蓋涉下文「詮辭」、「奇辭」、「樂辭」、「被辭」，諸「辭」字而誤。且「觀樂」與下文「聽聲」對文。本篇贊語亦作「觀樂」可證，范氏仍以「觀辭」為說，失之。

祝盟篇：「凡羣言發華。」

按：唐寫本「發」作「務」，范氏不據改。

諧讔篇：「則髡袒而入室。」

按：紀評云：「袒而疑作朔之。」髡即淳于髡，朔即東方朔，與本篇「昔齊威酣樂，而淳于說甘酒」，「東方、枚臯，餔糟啜　」句相應。「袒而」於此無意，應正，而范氏失校。

史傳篇：「法孔題經，則文非元聖。」

按：「元聖」當作「玄聖」。莊子天道篇：「以此處下，玄聖素王之道也。」文選班固典引：「故先命玄聖，使綴學立制。」李善注：「玄聖，孔子也。」後漢書班固傳載其文，李賢注云：「玄聖，謂孔子也。」春秋演孔圖曰：「孔子母徵在，夢感黑帝而生，故曰玄聖。」原道篇：「玄聖創典」，「光采玄聖」，均作「玄聖」可證。范氏不校，失之。

又：「史遷各傳，人始區詳而易覽，述者宗焉。」

按：「區」下有脫字，天啟本補「別」字。劉永濟校釋疑當是「分」字。劉說是。文心論說篇：「八名區分，一揆宗論。」序志篇：「論文叙筆，則囿別區分」。四字為句，文例正同。范氏不校，失之疏略。

諸子篇：「踳駁者出規。」

按：「駁」，楊明照校注徵佘本、張本、兩京本、梅本、合刻本、四庫本、何本、王本、崇文本並作「駮」。作「駮」是。說文馬部：「駮、獸，如馬，倨牙，食虎豹。」「駁，馬色不純。」二字意思迥別。則「駁」當作「駮」明矣。莊子天下篇：「其道舛駁。」文選魏都賦李注引司馬云：「踳，讀曰舛，乖也；駁，色雜不同也。」且文心雜文篇：「理粹而辭駁。」議對篇：「駁者，雜也。」又：「雜議而不純，故曰駁也。」皆作「駁」。同在一書，不應有異，故此處「駁」字或刻工誤植。范氏不察，竟亦失校。

又：「辨雕萬物。」

按：「辨」當作「辯」。莊子天道篇：「辯雖雕萬物，不自說也。」正作「辯」，情采篇所引亦作「辯」。范氏失校。

論說篇：「迄至正始，務欲守文。」

按：「務欲」當是「無欲」。音近致誤。下文「師心獨見」，正所謂不守文也。范氏不檢上下文義，故失校。

又：「張衡譏世，韻似俳說。」

按：「韻」字於義不屬。且與下句不倫，楊明照校注：「疑為頗字形誤。」楊說是。哀弔篇：「卒章五言，頗似歌謠。」句法與此相類，可證。范氏失校。

又：「雜文雖異，總會是同。」

按：「雜」不可解，疑「離」之形誤。此言離文者，離析文辭，而成若干片斷，夾注於章句之下，雖與論辨文完整的成篇不同，但若把各條注釋統合觀之，則與論文並無區別。正應下句「總會是同」。范氏失之不校，誤矣。

文：「陰陽莫貳。」

按：「貳」當作「忒」，禮記緇衣：「其儀不忒。」釋文：「忒本或作貳。」是其證。范氏不明正誤，失校。

章表篇：「敷表降闕。」

按：「降闕」不辭，當是「絳闕」之誤。「絳闕」者，天子之闕也。正與本文「章以造闕，表以致策」相應。范氏失校。

書記篇：「志氣槃桓。」

按：御覽五九五引作「盤」，以文心頌讚篇「盤桓乎數韻之辭」例之，作「盤」是。范氏失校。

又：「太誓曰。」

按：「曰」當作「云」。王利器新書徵汪本、佘本、張之象本、闕此字，徐校補「曰字，傳校元本、兩京本、吳校本是「云」字。再從本篇上下文引說，所謂「韓非云」、「鄒穆公云」、「大雅云」等，皆作「云」而言，作「曰」誤。范氏疏於讐校。

神思篇：「秉心養術。」

按：「秉心養術」當是「養心秉術」，傳寫致誤。上文謂「陶鈞文思，貴在虛靜，疏瀹五臟，澡雪精神。」即是「養心」。「馭文之首術，謀篇之大端。」即是「秉術」。本書之論創作方法，於斯篇開端，而後，更有「養氣」與「總術」兩篇，以重申此「養心」「秉術」之要義。心氣體用一貫，秉總字義相通。又養氣篇「清和其心。」鎔裁篇「博不溺心。」「心」之尙「養」可知。總術篇：『執術馭篇。」定勢篇：「秉茲情術。」「術」之尙「秉」益顯。今本顚倒其詞，而曰「秉心養術」，幾不可解。范氏不瞭前後文例，誤非爲是。

又：「鑒在疑後，研慮方定。」

按：「鑒」應作「疑」，「疑」應作「慮」，「慮」應作「鑒」。李師健光以爲：「字互錯亂，蓋傳寫者所舛誤。或爲淺人妄改，與上文不相對仗。徵下文兩承應句並審文義可知。」此二句與上文「斂在慮前，應機立斷」對言，「疑」「斂」相對，所語斂能斷於慮前，所語疑以其須定於慮後。本篇以神思命題，慮卽思，故此文之論斂疑兩層，皆當以「慮」爲立脚點，而別其斂與疑之前後。又「鑒」「機」相對，斂者事能應機，疑者動必研鑒，此人情之常。今本「疑、慮、鑒」三字錯亂，則不相應矣。范氏昧於文義，失校。

又：「慮疑故愈久而致績。」

按：「慮疑」當作「鑒疑」，也是傳寫之誤。「機斂」承上文「斂在慮前，應機立斷」而言，「鑒疑」承上文「疑在慮後，研慮方定」而言。如此文字一律。范氏亦失校。

體性篇：「博喩釀采。」

按：「釀」應作「醲」，「醲」形近致誤。劉永濟校釋云：「醲，酒厚也。與博義相應。時序篇有『澹思醲采』句，是其證。」范氏校之不精，未能及此。

又：「馥采典文。」

按：「馥」當作「複」，「典」當作「曲」，皆形近致誤。劉永濟校釋云：「複者，隱複也。曲者，深曲也。談玄之文，必隱複而深曲，徵聖篇論易經有『四象精義以曲隱』可證。舍人每以複、隱、曲、奥等詞連用。如原道篇『繇辭炳曜』、『符采複隱』，練字篇『複文隱訓』，徵聖篇『精義曲隱』，總術篇『奥者複隱』，隱秀篇『隱以複意爲工』，又『深文隱蔚，餘味曲包』，序志篇『或有曲意密源，似近而遠』，皆可證此所謂『遠奥』之義。總術篇有『奥者複隱，詭者亦曲』，『典』亦『曲』之誤字也。」王利器新書亦同劉說。范氏不察，失之。

風骨篇：「若豐藻克贍。」

按：因「豐」與「贍」義複，故郭晉稀譯註以爲「豐藻」當是「辭藻」之誤。范氏失校。

通變篇：「日出東沼，入乎西陂。」

按：「入乎西陂」原作「月生西陂」，涉下文馬融廣成賦「月生西陂」而誤，據文選上林賦原文訂正，李善注：「張揖云：『日朝出苑之東池，暮入於苑西陂中。』善注：漢宮殿薄曰：『長安有西陂池，東陂池。』」范氏失校。

又：「揚雄校獵。」

按：「校獵」當作「羽獵」，王利器新書：「梅云：『校當作羽。』文選二一作羽。」茲據改。案羽獵賦，見文選卷八「畋獵」中，漢書楊雄傳：「揚雄，字子雲，蜀郡成都人也。雄少而好學，年四十餘，自蜀來遊京師，大司馬車騎將軍王音奇其文雅，召以爲門下史，薦雄待詔，歲餘，奏羽獵賦。」范氏未能注意及之。

又：「象扶桑於濛汜。」

按：「於」當作「與」，音近致誤。據西京賦原文應改正，范氏失校。

通變篇：「是楚人鬻矛譽楯，兩難得而俱售也。」

按：原句應作「是楚人鬻矛楯，譽兩，難得而俱售也。」不但「楯譽」誤倒，即讀法也不同。楊明照校注云：「按此文失倫次，當作『是楚人鬻矛楯，譽兩，難得而俱售也。』始與上文『似夏人爭弓矢，執一，不可以獨射也。』相儷。」楊校是。彥和是語，本韓非子難一篇。「范註」雖引有原文，却對此失校。

聲律篇：「選和至難。」

按：「選和」之上脫「而」字，應據楊明照校注徵兩京本、胡本並依下句「而作韻」對文補。范氏失校。

又：「文賦亦稱知楚不易，可謂銜靈均之聲餘。」

按：「知楚」，黃氏札記云：「案文賦云：『亮功多而累寡，故取足而不易。』（李善注：

「言其功既多，爲累蓋寡，故以取足，而不改易其文。」）彥和蓋引其言以明士衡多楚，不以張公之言而變，知楚二字乃涉上文而訛。」黃說是：「知楚」卽「取足」形近之訛，應據改。「聲餘」顚倒，據楊明照校注徵下句「正響」對文，並引上文「餘聲易遣」與「遺響難契」相對爲旁證，當加乙正。而范氏均失校。

章句篇：「積句而成章。」

按：「成章」應作「爲章」，涉下句「成篇」而誤。據楊明照校注徵汪本、佘本、張本、胡本、兩京本、四庫諸本，並依翰苑新書序、唐音癸籤卷四引文當予改正，范氏失校。

又：「六字格而非緩。」

按：「格」是「裕」字形誤。據黃氏札記、楊明照校注徵說文及廣雅釋詁，裕有饒、寬二義，應改正，范氏亦不加質定。

又：「字出句外。」

按：「字出」下脫「於」字，據王利器新書引謝校當作字，及張之象本應補。范氏失校。

又：「分字成句。」

按：「成」爲「承」之聲誤。據楊明照校注徵汪本、佘本、張本、胡本、兩京本、四庫本當改，而范氏不察，失校。

麗辭篇：「徵人之學。」

按：「之」爲「資」之音誤，應依文義改。神思篇：「難易雖殊，並資博練，若學淺而空遲，才疏而徒速，以斯成器，未之前聞」事類篇：「才爲盟主，學爲輔佐，……表裏相資，古今一也。」又曰：「夫經典沈深，載籍浩瀚，實群言之奧區，而才思之神皋也，揚、班以下，莫不取資。」凡斯所論，皆足以說明欲瞻文才，必資博學，以此推之，此處「之」必爲「資」之音誤無疑。劉永濟謂「之」爲「貴」字之誤，形雖近而義失之，不取。范氏見不及此，故失校。

又：「精味兼載。」

按：「味」當作「末」，嘉靖本作「未」，輾轉形誤，據劉永濟校釋說應加改正，范氏失校。

又：「鏡靜含態。」

按：「靜」爲「靚」之形誤。「靜」本與「靚」通，漢書揚雄傳上：「稍暗暗而靚深。」注：「師古曰：靚卽靜字耳。」玉篇：「靚，裝飾也。」司馬相如上林賦：「靚粧刻飾。」注：「郭璞曰：靚粧則粉白黛黑也。」范氏失校。

夸飾篇：「孟軻所云：說詩者不以文害辭，不以辭害志。」

按：「孟軻所云」，何允中本，日本活字本、凌本、梅六次本、鍾本、梁本、王謨本、張松孫本無「所」字。汪本、佘本、張之象本、兩京本、四庫本無「云」字。「志」爲「意」之形誤，應據孟子萬章篇原文改正。范氏未校。

又：「騰擲而羞跼步。」

按：「騰擲」當作「騰躑」，楊明照校注徵諸家本，知爲形近之誤。「躑」爲「蹢」之後起字，「擲」又爲「躑」之俗體，當據改，而范氏當時未校。

事類篇：「生理含異端。」

按：「含」當作「各」，形誤，據陸機本集應予訂正，范氏失校。

練字篇：「夫文象列而結繩移。」

按：「文」應作「爻」，形誤，劉永濟校釋云：「易繫辭下曰：『八卦成列，象在其中矣；因而重之，爻在其中矣。』此言聖人因八卦爻象可治民事，故以易結繩。下句始及造文字之事。疑『文』乃『爻』字形誤。」范氏失校。

又：「太史學童，教試六體。」

按：「教試」應移在「學童」之前，於文法始合，徵漢書藝文志小學家序當乙正。又「六體」爲「八體」，乃淺人據今本漢志之誤字而改，據王先謙漢書補注引李賡云徵說文敘應訂正。范氏未校。

隱秀篇：「秀句所以照文苑。」

按：「秀句」當作「隱秀」。上文「雖奧非隱，雖美非秀」以隱秀對舉，此句蓋卽闗合上文作結，若僅言秀句，則文不周延矣。紀評云：「此秀句乃泛稱佳篇，非本題之秀字。」是紀氏已知其有誤，故作如此說。玆審上下文義應予訂正。范氏亦未校。

又：「深文隱蔚。」

按：「深」字誤倒在「文隱」二字之上，審辭義不合。蓋贊之前四句論「隱」，首句應以「文隱」領起，顯出主語，觀於下四句之論「秀」，以「言秀」領起可證。若「深文」連詞，則見漢書張湯傳：「湯與趙禹共定諸律令，務在深文。」卽謂用法深刻，似非彥和之本意，應加乙正，范氏失校。

指瑕篇：「古來文才。」

按：「文才」應作「文士」，涉下文「逸才」「羣才」而誤，據金樓子立言下篇引當改，范氏失校。

總術篇：「屬筆曰翰。」

按：翰筆二字互倒，案上文：「筆之爲體，言之文也。」「經典則言而非筆，傳記則筆而非言。」皆以筆與言對文，此處上句爲「發口爲言」，自亦應以「言」對「筆」；下文：「出言入筆，筆爲言使。」及「非以言筆爲優劣也。」皆承此「言」「筆」對文而言，作「翰」者乃淺人所妄易，應依文理，辭例改。范氏失校。

物色篇：「兩字窮形。」

按：「窮形」當作「連形」，蓋寫者涉上文「窮理」而誤。應據楊明照校注徵汪本、佘本、張本、兩京本、續文選、梅本、凌本、胡本、合刻本、何本、王本、崇文本改，而范氏當時未校。

知音篇：「各執一偶之解。」

按：「偶」爲「隅」之形誤，舊本皆作「隅」，當據正，范氏失校。

又：「斯術既形。」

按：「形」當作「行」，涉上文「青眸寫其形」，「形體易徵」，「閱喬岳以形培塿」，諸「形」字音近而誤。據廣博物志二六引應改。而「范註」失校。

程器篇：「敎通不循廉隅。」

按：「循」當作「脩」，形誤，據楊明照校注徵漢書楊修傳「不修廉隅」，及元后傳「禁有大志，不修廉隅」句例應改。而范氏亦失校。

（五）註解錯訛：范氏校勘之欠精，既如上述，第關於註釋方面的錯誤，也是指不勝屈。觀范氏之註文心，資料旣較黃叔琳輯注爲尙，可是由於他對書中行文的詞例、字例，以及造語之例，了解的不夠充分，和資料的選取、剪裁、安排未盡精當，以至於有許多註釋發生了望文生義，或牽强附會的錯誤。不僅令讀者得不到原文的眞解，反而會時生誤解。過去楊明照校注、劉永濟校釋、和日本斯波六郎的舉正，多能指斥其非，今特參綜各家成說，擇其錯訛之確不可易者，條列如次，俾學者知其匡略：

原道篇：「草木賁華。」

范註：「陸德明周易音義引『傅氏云，「賁古斑字，文章貌。」』……呂氏春秋愼行論壹行篇高誘注云『賁，色不純也。』皆賁爲文章貌之證。」

按：易序卦傳『賁者，飾也。』此賁字亦當訓爲飾。若以爲文章貌，則於詞性不合。上文雕色之雕，與此賁華之賁，皆當作動詞解。（一切經音義二引『三蒼云：「雕，飾也。」』文選東京賦『下雕輦於東廂。』薛綜注云『雕，謂有雕飾也。』）

宗經篇：「故象天地，效鬼神，參物序，制人紀，洞性靈之奧區，極文章之骨髓者也。」

范註：「禮記禮運『孔子曰「是故夫禮必本於天，殽於地，列於鬼神，達於喪祭射御冠昏朝聘。」』此殆彥和說所本。」

按：舍人此文，統論羣經。范氏所引，似有未愜。故楊明照校注引漢書儒林傳序：「古之學者，博學乎六藝之文。六者，王教之典籍；先聖所以明天地，正人倫，致至治之成法也。」又匡衡傳：「臣聞六經者，聖人所以統天地之心，著善惡之歸，明吉凶之分，通人道之正，使不悖於其本性者也。」並較禮運之文爲當。

又：「是仰山而鑄銅，煑海而爲鹽也。」

范註：「仰，唐寫本作卽，是。漢書貨殖傳：『卽鐵山鼓鑄。』師古曰：『卽就也。』」

按：「范註」明而未融。史記吳王濞傳：『孝景帝卽位，錯爲御史大夫，說上曰「今吳王乃益驕溢，卽山鑄錢，煑海水（漢書濞傳無水字）爲鹽。」』索隱云『卽者，就也。』漢書顏注同。晁錯傳語同。此彥和遺詞所本，而范氏引漢書貨殖傳，似尚未得其源。

正緯篇：「僞既倍擿。」

按：范氏對上文「今經正緯奇，倍摘千里」引孫詒讓札迻十二：「今經正緯奇，倍擿千里，倍擿卽下文倍摘字，並與適通，方言云，適，牾也。（廣雅釋詁同）。郭注云，相觸牾也，倍適，猶言背迕也。」對此本文而言，非施之於注，蓋以此「倍摘」與上文之「倍擿」同，孫說是。斯波六郎補正云：「以『背迕』解此之『倍擿』，謂此句意義相通則非。此「倍」字，「掊」又「剖」字之誤。

明詩篇：「嚴馬之徒。」

范註：「漢書藝文志屈原賦類有莊夫子賦二十四篇，（莊夫子卽嚴忌）司馬相如賦二十九篇。」

按：「范註」以嚴爲嚴忌，蓋襲自梅慶生本之註，其說難以遽從。嚴恐爲嚴助。斯波六郎補正云：「漢書嚴助傳：『郡舉賢良對策百餘人，武帝善助對，繇是獨擢助爲中大夫，後得朱買臣、吾丘壽王、司馬相如、主父偃、徐樂、嚴安、東方朔、枚臯、膠倉、終軍、嚴葱奇等，並在左右。……其尤親幸者，東方朔、枚臯、嚴助、吾丘壽王、司馬相如。』又東方朔傳亦曰：『是時朝廷多賢才　上復問朔，方今公孫丞相、兒大夫、董仲舒、夏侯始昌、司馬相如、吾丘壽王、主父偃、朱買臣、嚴助、汲黯、膠倉、終軍、嚴安、徐樂、司馬相如之倫，皆辯知宏達，溢于文辭，先生自視，何與比哉！』與司馬相如並舉者，有嚴助，而無嚴忌。又據鄒陽傳、司馬相如傳，嚴忌僅仕吳、梁，未仕漢武，據地理志，嚴忌名揚文、景之際。」故句中「嚴助」非「嚴忌」明甚。

詮賦篇：「迭致文契。」

范註：「案唐寫本是，寫送是六朝人常語，意謂充足也。附會篇『克終底績，寄深寫送。』亦謂一篇之終，當文勢充足也。」

按：「寫送」大概是「收束」之意，斯波六郎補正引文鏡秘序論（南）云：「細而推之，開發端緒，寫送文勢，則六言七言之功也。泛叙事由，平調聲律，四言五言之能也。體物寫狀，抑揚情理，三言之要也。」如此，開發與收束，適用於六言七言句者，又晉陽秋曰：「（袁）宏嘗與王珣伏滔，同侍（桓）溫坐，溫令滔讀其賦，至致傷於天下，於此改韻，云此韻所詠，慨深千載，今於天下之後，便移韻，於寫送之致，如爲未盡。滔乃云，得益寫一句，或當小勝，桓公語宏，卿試思益之，宏應聲而益，王伏稱善。」（世說文學篇注引。范氏於附會篇注引世說新語文學篇曰：「袁宏嘗與王珣伏滔同在溫坐……」，然據上述，可證寫送之語，非世說之文，實晉書文苑傳之文。）當是批評於用其部之韻抒述，缺少結束之意。又高僧傳（十三）曰：「釋曇智，既有亮量之聲，……高調淸澈，寫送有餘。」有引轉讀之段落，或餘韻終了之意味。又附會第四十三云：「克終底績，寄深寫送。」有篇末完了，宣揚成績，如何收束云云之意味。范氏似未了此意。

又：「仲宣靡密，發端必遒。」

范註：「發端唐寫本作發篇，是。嚴可均全後漢文輯粲賦有大暑，游海，……等賦。雖頗殘闕，然篇率遒短，故彥和云然。」

按：「發端」或是「發篇」，都是作品發端之意，所謂「發端（篇）必遒」者，應解爲作品之發端應遒勁之意，非謂「篇率遒短」之意。

哀弔篇：「班彪蔡邕，並敏於致語。」

范註：「致語唐寫本作致詰，疑詰是結之誤。結謂一篇之卒章也。」

按：唐寫本作詰，是也。宋本御覽五九六引亦作詰。下云『影附賈氏，難爲並驅。』今誦長沙弔屈原文，自「訊曰」以下，有致詰意。叔皮，伯喈所作，雖無全璧；然據藝文類聚五八班彪悼離騷，四十引蔡邕弔屈原文，亦皆有致詰之詞。殘文具在，不難覆按而知。范氏蓋因上有『卒章要切』之文，故疑作結，而以卒章釋之耳！

諧讔篇：「昔華元棄甲，城者發睅目之謳；臧紇喪師，國人造侏儒之歌；並嗤戲形貌，內怨爲俳也。」

范註：「俳當作誹。放言曰謗，微言曰誹。內怨，卽腹誹也。彥和之意，以爲在上者肆行貪虐，下民不敢明謗，則作爲隱語，以寄怨怒之情；故雖嗤戲形貌而不棄於經傳，與後世莠言嘲弄，不可同日語也。」

按：范說支離，非是。俳字不誤。楊明照舉正引說文「俳，戲也。」內讀曰納。內怨爲俳者，卽納怨爲戲也。華元棄甲，城者發睅目之謳；臧紇喪師，國人造侏儒之歌；皆嗤其形貌，納怨爲戲也。上言『嗤戲』，下言「爲俳」。義正相承。夫既云「微言曰俳」則何必曰「謳」曰「歌」。既云「下民不敢明謗，作爲隱語，以寄怨怒之情。」則何僅謳睅目」歌「侏儒」已邪？且下文俳字數見，又將何說？卽令俳爲誹之誤，而內怨亦不當作腹誹解也。

史傳篇：「於是就太師以正雅頌，因魯史以修春秋。」

范註：「論語八佾篇……子罕篇……漢書藝文志……」

按：此註尚應引左列二段文字。魏文帝黃初二年以孔羨爲宗聖侯置吏修廟詔：「因魯史而制春秋，就太師而正雅頌。」又范寗序：「於是就大師而正雅頌，因魯史而修春秋。」范氏尚未得彥和用事之全。

又：「遺親攘美之罪。」

范註：「漢書贊中數稱司徒掾班彪云云，安得誣爲遺親攘美？」

按：意林五引傅子云：「班固漢書，因父得成，遂沒不言彪，殊異馬遷也！」顏氏家訓文章篇：「班固盜竊父史。」是遺親攘美之說，前有所祖，後有所述；非舍人自我作故也。今檢漢書贊中稱司徒掾班彪者，僅見韋賢、翟方進、元后三傳贊。且元成二紀贊，由其稱謂推之，的出彪手；而固乃湮滅不彰，似爲其自作者然。蔦施松上，則金敞爲其外祖，捷妤屬其姑矣。舍人以遺親攘美罪之，實宜。又何誣爲？

論說篇：「孔融孝廉，但談嘲戲。」

范註：「孝廉文佚，三國吳志是儀傳注引徐衆三國評：『是儀本姓氏，以孔融嘲改姓是。』」

按：「范註」此文與三國評之記事無關。魏文帝典論論文云：「孔融體氣高妙，有過人者，然不能持論，理不勝辭，至于雜以嘲戲（魏志王粲傳注引）。典論之「雜以嘲戲」，恐指孝廉等而言。范氏誤引徐衆三國評，非確解。

詔策篇：「昔鄭弘之守南陽，條教法度，爲後所述。」

范註：「後漢書鄭弘傳『政有仁惠，民稱蘇息，遷淮陰太守。』……案黃注引鄭弘傳曰『弘爲南陽太守，條教法度，爲後所述。』攷弘傳並無此語，未知其何見而云然？後漢書羊續之傳稱其條教可法，爲後世所述，黃注蓋誤記。竊疑昔鄭弘之守南陽，當作昔鄭弘之著南宮。本傳云『弘前後所陳有補益王政者，皆著之南宮，以爲故事。』據此陽是宮之誤，南宮既誤南陽，後人乃改著字爲守字，不知弘實未爲南陽太守也。」

按：楊明照學正云：「『范註』疎謬太甚，不値一噱。漢書卷六十六，鄭弘傳『弘字穉卿，泰山剛人也。兄昌字次卿。皆明經通法律政事。次卿爲太原涿郡太守，弘爲南陽太守，皆著治迹。條教法度，爲後所述。』此卽舍人之所本；亦卽黃注之所自出。惜黃氏未著書名，致讀者不諳所在，橫生異議，爲可嘆耳！范氏既已誤穉卿爲巨君，後漢書鄭弘傳『弘字巨君。』復欲移南陽作南宮；不自知其非，而反以黃注爲誤，眞可謂笑古人之未工，忘己事之已拙者矣！」

又：「每爲詔敕，假手外請。」

范註：「後漢書竇憲傳：『和帝卽位，太后臨朝，憲以侍中內幹機密，出宣誥命，其所施爲。輒外令太傅鄧彪奏，內白太后，事無不從。』安帝政在外戚鄧氏，度亦如竇憲故事，所謂『借手外請』也。」

按：彥和所謂「禮閣鮮才」之事，非謂外戚擅權。故斯波六郎補正以爲「此注應當引下文爲是。後漢書周榮傳：『永寧中，尙書陳忠上疏薦（周）興曰，……臣等旣愚闇，而諸郎多文俗吏，鮮有雅才，每爲詔文，宣示內外，轉相求請。』」

檄移篇：「顯其貫盈之數。」

范註：「韓非子說林下：『有與悍者鄰，欲賣宅而避之。入曰，是其貫將滿矣，子姑待之。……』」

按：當引下文爲是。尙書泰誓上：「商罪貫盈，天命誅之。」范氏未能見彥和造語所本。

封禪篇：「錄圖曰。」

范註：「紀評曰『錄當作綠。』其說無攷。」

按：正緯篇『堯造綠圖，昌制丹書。』是綠圖與丹書相對。此亦當作綠圖，與下丹書對。紀氏之說，意蓋在此。明嘉靖本正作綠，不誤。又墨子非攻下篇『河出綠圖。』淮南俶眞篇『洛出丹書，河出綠圖。』並其證也。范氏以爲無攷，非是。

章表篇：「乃各有故事而在職司也。」

范註：「各有故事而在職司，謂如漢志尚書類禮類春秋類論語類各有議奏若干篇。又法家有鼂錯，儒家有賈山賈誼等，諸人奏議皆在其中。」

按：恐「范註」不得彥和之所謂。斯波六郎補正以爲彥和之意謂「漢之章表奏議，從故事由其職司保管，簡直不屬劉向之校中秘書之內，亦本著錄七略、藝文志之中。」范氏擧尚書類以下之奏議，僅爲任何漢志原注中及「石渠論」所示特別有者，必非「經國之樞機」之章表奏議，散見於漢書中。彥和卽指此而言。

議對篇：「選事考言。」

范註：「周禮地官卿大夫職曰：『三年則大比，考其德行道藝而興賢者能者。』……選事，猶言興能，考言，猶言興賢，有德者必有言也。」

按：「選事」者，謂以事功選之，「考言」，謂以言論考之。依此注，寧引禮記文王世子云「凡語于郊者，必取賢斂才焉，或以德進，或以事擧，或以言揚。」其他，此之「古之造士，選事考言」疑與漢書成帝紀鴻嘉二年詔之「古之選賢，傅納以言，明試以功」有關，非如范氏云然。

書記篇：「關者，閉也。」

范註：「釋名釋書契『過所至關津以示之也。』疑此卽所謂關。」

按：上有「百官詢事，卽有關刺解牒」，此「關」字，爲百官互相質詢用之公文之一種，甚爲明顯。「范註」過所云云非是。黃注亦引唐書百官志：「諸司相質，其制有三：一曰關，二曰刺，三曰移。」此「關」卽唐志之「關」，可見「關」之遺式。非如范氏所言。

神思篇：「物沿耳目，而辭令管其樞機。」

范註：「物，謂事也。理也，事理接於心，心出言辭以明之。」

按：「物」卽上文「神與物遊」之「物」，外物之謂，故下文云：「樞機方通，則物無隱貌。」范氏未得其解。

又：「尋聲律而定墨。」

范註：「禮記玉藻：『卜人定龜，史定墨。』鄭注：『視兆坼也。』此文所云定墨，不可拘滯本義。」

按：此「定墨」，「定繩墨」之意。鎔裁第三十二之「譬繩墨之審分，斧斤之斲削矣」意同。與玉藻無任何關聯。范氏强爲之說，不可從。

體性篇：「若夫八體屢遷。」

范註：「案抱朴子自敘篇『……』，才不必增而學可廣，亦可以證彥和之說。」

按：「若夫八體屢遷……才氣之大略哉」，專論才力（情性）之中心者。從文中「吐納英華，莫非情性」，「莫非自然之恒資，才氣之大略哉」句可知之。范氏言「才不必增而學可廣云云」非是。陸機文賦：「其爲物也多姿，其爲體也屢遷。」不僅彥和語有所本，而意亦有專指。范氏未得其解。

麗辭篇：「大夫聯辭。」

范註：「大夫聯辭，指左傳國語所記列國大夫朝聘應對之辭。」

按：上句「詩人偶章」，指詩三百篇而言，此句應指楚辭。大夫即三閭大夫，謂屈原也，或亦宜解爲含宋玉在內。「范註」非是。

比興篇：「豈不以風通而賦同。」

范註：「詩大序正義曰：『風之所吹，無物不扇，化之所被，無往不霑，故取名焉。』五行大義引翼奉說：『風通六情。』」

按：彥和此處風與賦、比、興並舉，應爲諷刺之意。故斯波六郎補正以爲註引大序正義云非是，寧謂之引大序之「風，諷也」，及「上以風化下，下以風刺上」句。又「風通」之注引翼奉之說，亦不適當。

又：「楚襄信讒，而三閭忠烈，依詩製騷，諷兼比興。」

范註：「諷兼比興，諷當作風，楚騷，楚風也。」

按：范說謬，楊明照校注已證其非，但楊氏主張據漢書藝文志立說，亦捨近圖遠。今更以彥和自身之言求之，如辨騷篇云：「譏桀紂之猖披，傷羿澆之顛隕，規諷之旨也。」明詩篇云：「逮楚國諷怨，離騷爲刺。」皆足證此文「諷」字之正解。此文本王逸楚辭章句序所云：「屈原履忠被譖，憂悲愁思，獨依詩人之義，而作離騷，上以諷諫，下以自慰。」范氏未得其解。

又：「詩刺道喪。」

范註：「詩刺當作諷刺。」

按：「詩刺」謂詩人之諷刺。不必改爲「諷刺」。依上文言「依詩製騷」，下文言「倍舊章矣」可知，論詩經之標準。奏啟篇：「詩刺讒人。」足證「詩刺」聯詞之例。

夸飾篇：「風格訓世。」

范註：「詩大序『風，教也。』緇衣：『言有物而行有格。』注曰：『格，舊法也。』」

按：范說支離難從。作「俗」者是。「格」蓋「俗」之誤。「風格」謂風俗，與「訓世」相對爲句。義自明白，不必曲解求深。

又：「相如憑風。」

范註：「漢書司馬相如傳：『相如既奏大人賦，天子大悅，飄飄有陵雲氣游天地之間意。』」

按：「憑風」乘其風勢之意，承上句之「……夸飾始盛」，且應下文之「……酌其餘波」。與相如之文無任何關係。辨騷第五之「是以枚賈追風。」論說第十八之「並順風以託勢」，與「憑風」有類似之意。

又：「故上林之館，奔星與宛虹入軒，……語瓌奇，則假珍於玉樹，……至東都之比目，西京之海若，驗理則理無不驗，窮飾則飾猶未窮矣，……變彼洛神，既非罔兩，……而虛用濫形，不其疏乎。」

范註：「驗理則理無不驗，紀評曰：『不驗當作可驗。』紀說是也。顧千里曰：『左太沖三都賦序云，然相如賦上林而引盧橘夏熟，揚雄賦甘泉而陳玉樹青蔥，班固賦西都而歎以出比目，張衡賦西京而述以游海若。』」

按：此一節應本於三都賦序之「然相如賦上林而引盧橘夏熟，……於義則虛而無徵」。就中之「假珍於玉樹」及「驗理則理無可驗」，直據彼之「假稱珍怪」及「於義則虛而無徵」，殆不容疑。又「變彼洛神」據詩邶風泉水之「孌彼諸姬」而來者。

又：「至如氣貌山海，體勢宮殿。」

范註：「謂如孫興公遊天台山賦木玄虛海賦……之類。」

按：此文上論上林以下之諸賦，批評描寫山海宮殿部分，非謂孫興公等之諸賦。下文之「於是後進之才」以下，蓋指孫興公等。

練字篇：「複文隱訓，臧否大半。」

范註：「複文，謂如有長字斗字而重作馬頭人之長，人持十之斗。隱訓，謂詭僻之訓，如屈中爲虫，苛之字止句也之類，臧否大半，大疑是亦字之誤，謂後漢之文，有深於小學者，有疎於小學者，臧否各半也。」

按：「複文隱訓」要爲難解之文字。所謂「複」，所謂「隱」，分用「複隱」之謂，如區別「複文」與「隱訓」，則前者謂字形複雜難懂者之意，後者則字形簡單，而使其意義難懂者之意。范氏解「複文」爲異體文字，解「隱訓」爲詭僻之字義，其說難從。其舉「馬頭人之長」以下之四例，於說文解字叙，據俗字，任何方面而言，皆是標示無稽之字義說例。與此之「複文隱訓」無關。「臧否大半」，後漢人之文字用法，其大半皆用爲非難之意。

指瑕篇：「雖不屑於古，而有擇於今焉。」

范註：「謂此雖不雅，然習俗如是，作者亦不可不留意，以免世之猜忌也。」

按：范氏釋「不屑於古」爲不雅，此寧謂與「不顧於古」意略同。謂「比語，反音之事，不顧古之問題」之意。「不屑」與「不顧」相近，從序志第五十「同之與異，不屑古今」之例可知。

時序篇：「發綺縠之高喻。」

范註：「綺縠見詮賦篇。」

按：詮賦篇『此揚子所以追悔於雕蟲，貽誚於霧縠者也。』范氏引法言吾子篇『或曰「霧縠之組麗。」』以注，是也。然與此文意則殊，何可捃注？漢書王褒傳『上曰「辭賦大者與古詩同義，小者辯麗可喜。辟如女工有綺縠，音樂有鄭衞。」』此舍人『綺縠高喻』之所自出也。范註失之。

物色篇：「物色。」

范註：「文選賦有物色類，李善注曰：『四時所觀之物色而爲之賦。』又云：『有物有文曰色，風雖無正色，然亦有聲。』本篇當移在附會篇之下，總術篇之上，蓋物色猶言聲色，卽聲律篇以下諸篇之總名，與附會篇相對而統於總術篇，今在卷十之首，疑有誤也。」

按：「物色」，謂外界之景物，不僅讀其篇內之文，自可明瞭，文選之物色類亦有此意。李善注亦然。范氏既引文選及李善注，又謂「物色猶言聲色」及「聲律篇以下諸篇之總名云云」，頗爲難解。至於關於本篇之位置，彥和或爲便利計，置於此，是另有深意耶？不可知。

程器篇：「班固諂竇以作威。」

范註：「後漢書班固傳：『大將軍竇憲出征匈奴，……吏人苦之。』」

按：范氏所引不適切。彥和所云，指何事實，今不得詳，本傳有載：「初洛陽令种兢嘗行，固奴干其車騎，吏推呼之，奴醉罵，兢大怒，畏憲不敢發，心銜之」之事，以說明「作威」之一面也。

（六）出處不明：文心雕龍集中國古典文論的大成，學者想要知道它的文論眞象，必先對其精言奧語，有所疏通證明。而疏通證明之首事，端在尋繹其造語之所本，這樣本元既明，然後展卷閱讀，自如臨鏡照形，清晰可辨了。范氏承黃註紀評之後，對此亦每加留意。不過，文心雕龍體大慮周，而劉彥和又淹貫百氏，胸羅萬有，凡所立說，率有依據。註解的人若稍事疏忽，或書讀未遍，不僅掛漏百出，且極易致誤。茲綜理「范註」，擇其出處不明，或出處不當，或引證未博，而罅隙待補者四十六條，雖然這只是一鱗半爪，如讀者能準此類推，范氏的失誤，更當不局限乎此了。

宗經篇：「洞性靈之奧區。」

按：文選西京賦：「奧區神皋。」蓋彥和所本。事類篇：「群言之奧區，才思之神皋。」即用西京賦。

又：「牆宇重峻。」

按：論語子張：「叔孫武叔語大夫於朝曰，子貢賢於仲尼，子服景伯以告子貢。子貢曰，譬之宮牆，賜之牆也及肩、窺見室家之好，夫子之牆數仞，不得其門而入，不見宗廟之美，百官之富。」袁宏三國名臣贊：「天骨疏朗，牆宇高巍。」

正緯篇：「通儒討覈，謂起哀平。」

范註：「尚書序正義曰：『緯文鄙近，不出聖人，前賢共疑，有所不取，通人考正，僞起哀平。』正義之文蓋本彥和。」

案：范註蓋襲自黃注，此注當引自後漢書張衡傳「衡以圖緯虛妄，非聖人之法，乃上疏曰……則知圖讖，成於哀平之際也」文。

辨騷篇：「固已軒翥詩人之後，奮飛辭家之前。」

范註：「文選班固典引李善注曰：『軒翥飛貌』又木華海賦注：『軒，擧也』。」

案：應當引屈原的遠遊「鸞鳥軒翥而翔飛」，當以此爲先。

明詩篇：「若妙識所難，其易也將至；忽以爲易，其難也方來。」

按：國語晉語：「文生謂郭偃曰，始也吾以治國爲易，今也難。對曰：君以爲易，其難將至矣；君以爲難，其易將至焉。」此彥和所本。

樂府篇：「武帝崇禮。」

按：兩都賦序：「至於武宣之世，乃崇禮官，考文章，內設金馬石渠之署，外興樂府協律之事。」此正彥和所本。

頌讚篇：「馬融之廣成上林，雅而似賦，何弄文而失質乎？」

范註：「上林疑當作東巡。後漢書馬融傳：『……上廣成頌以諷諫。……融上東巡頌。』」

按：摯虞文章流別論『若馬融廣成上林之屬，純爲今賦之體，而謂之頌，失之遠矣！』據此，則廣成上林並稱，始於仲洽。舍人沿用其語，想亦及見其文。不必以范書本傳未載，而疑作東巡也。

祝盟篇：「祝幣史辭。」

按：左昭十七年傳：「祝用幣，史用辭」正彥和所本。

又：「故知信不由衷，盟無益也。」

按：春秋左氏傳隱公三年：「君子曰，信不由中，質無益也，明恕而行，要之以禮，雖無有質，誰能間之。」

又：「指九天以爲正。」

按：離騷：「指九天以爲正兮，夫唯靈脩之故也。」

又：「可謂祝辭之組麗。」

按：法言吾子篇：「穀組麗。」李軌注：「霧穀雖麗，蠹害女工。」此彥和所本。

銘箴篇：「後發前至。」

按：漢書藝文志：「形勢者，雷動風舉，後發而先至，離合背鄉，變化無常，以輕疾制敵者也。」彥和造語本此。

誄碑篇：「觸類而長。」

按：周易繫辭上：「是故四營而成易，十有八變而成卦，八卦而小成，引而伸之，觸類而長之，天下之事畢矣。」此句出乎此。

哀弔篇：「雖發其情華，而未極心實。」

按：晉語五：「夫貌情之華也，言貌之機也。……今陽子之貌濟，其言匱，非其實也。」彥和化用其語。

諧讔篇：「尤而效之。」

按：春秋左氏傳僖公二十四年：「尤而效之，罪又甚焉。」又襄公二十一年：「尤而效之，其又甚焉。」

史傳篇：「彰善癉惡，樹之風聲。」

按：尚書畢命：「旌別淑慝，表厥宅里，彰善癉惡，樹之風聲。」

又：「自平王微弱，政不及雅，憲章散紊，彝倫攸斁。」

范註：「鄭玄王城譜云：『於是王室之尊，與諸侯無異，其詩不能復雅，故貶之謂之王國之變風。』」

按：此註尚應引以下三段文字。即尚書洪範：「帝乃震怒，不畀洪範九疇，彝倫攸斁。」又范甯春秋穀梁傳集解序：「昔周道衰陵，乾綱絕紐，禮壞樂崩，彝倫攸斁。」又：「幽王以暴虐見禍，平王以微弱東遷，征伐不由天子之命，號令出自權臣之門，……下陵上替，僭逼理極，天下蕩蕩，王道盡矣。」自此文以下，至「誅深斧鉞」，本於范甯春秋穀梁傳序。如此，方能見出彥和造語之本。

又：「雖定哀微辭。」

按：「春秋公羊傳定公元年：「定哀多微辭，主人習其讀，而問其傳，則未知己之有罪焉爾。」彥和語由此出。

詔策篇：「洋洋盈耳。」

按：論語泰伯：「子曰：師摯之始，關雎之亂，洋洋乎盈耳哉。」彥和本此而省言之。

封禪篇：「祀天之壯觀矣。」

按：此句嫌文詞不順，且上文云「固禋祀之殊禮」，此又「祀天」，文不雅順。疑「祀」乃

「祝」字之誤，本屬上句，（原朱氏補「祝」字之位置者）。天之下似脫「下」字，此句作「天下之壯觀矣，承上「固湮祀之殊禮，銘號之秘祝」二句。司馬相如封禪文：「皇皇哉斯事，天下之壯觀，王者之丕業。」此句蓋爲彥和之所本。

章表篇：「羊公之辭開府，有譽於前談。」

按：御覽五九四引李充翰林論：「表宜以遠大爲本，不以華藻爲先，若曹子建之表，可謂成文矣。諸葛亮之表劉主、裴公之辭侍中，羊公之讓開府，可謂德音矣。」彥和造語出此。

奏啟篇：「嘉言罔伏。」

按：尚書大禹謨：「帝曰：俞，允若茲，嘉言罔攸伏，野無遺賢，萬邦咸寧。」正彥和造語所本。

又：「然後踰垣者折肱。」

按：尚書費誓：「無敢寇攘，踰垣牆，竊馬牛，誘臣妾，汝則有常刑。」春秋左氏傳定公十三年：「三折肱知爲良醫。」楚辭九章惜誦：「九折臂而成良醫兮。」此彥和兼採各家而爲之說。

又：「無或膚浸。」

按：論語顏淵：「浸潤之譖，膚受之愬，不行焉，可謂明也已矣。」此彥和縮節論語以爲文。

議對篇：「周爰諮謀。」

范註：「詩大雅緜『爰始爰謀。』箋云『於是始與豳人之從己者謀。』又『周爰執事。』箋云『於是從西方而往東之人，皆於周執事，競出力也。』周爰諮謀語本此。」

按：詩小雅鹿鳴之什皇皇者華『載驅，周爰咨謀。』毛傳『忠信為周，訪問於善為咨，咨事之難易為謀。』此舍人之所本也。舊注曾未引及者，蓋以三百篇為童而習之之書，能讀文心者，不患其不知故耳！范氏乃以大雅緜為注，風馬牛迥不相及。匪特詞費，且於諮字亦未著訓。又諮當依御覽五九五引作咨，始與詩合。下文『堯咨四岳。』書記篇『短牒咨謀。』並作咨。則此必原作咨無疑。傳寫者以俗亂正耳！

書記篇：「喪言亦不及文。」

按：孝經喪親：「子曰，孝子之喪親也，哭不偯，禮無容，言不文，服美不安，聞樂不樂，食旨不甘，此哀戚之情也。」此彥和造語所本。

又：「歲借民力。」

范註：「釋名釋書契『籍，籍也。所以籍疏人民戶口也。』左傳襄公二十五年『賦車籍馬。』注『籍，疏其毛色歲齒以備軍用。』周禮天官敘官司書正義『簿，今手版。』此歲借民力說所本。」

按：范氏徵引雖博，無一當者，禮記王制『古者公田藉而不稅。』鄭注云『藉之言借也。借民力治公田。』又『用民之力，歲不過三日。』注云『治宮室城郭道渠。』此蓋歲借民力說所本。又春秋宣公十五年經『初稅畝。』公羊傳『古者什一而藉。』何注云『什一以借民力，以什與民，自取其一爲公田。』左氏傳『穀出不過藉。』杜注云『周法，民耕百畝，公田十畝，借民力而治之。』並其證也。

神思篇：「形在江海之上，心存魏闕之下；」

按：呂氏春秋開春論審爲篇「中山公子牟謂詹子曰：『身在江海之上，心居乎魏闕之下，奈何！』」

又：「獨照之匠。」

范註：「莊子天道：『輪扁曰，斲輪徐則甘而不固，疾則苦而不入，不徐不疾，得之於手而應於心，口不能言，有數存焉於其間。臣不能以喻臣之子，臣之子亦不能受之於臣，是以行年七十而老斲輪。』獨照之匠語本此。

按：「獨照之匠」之意，據天道篇「獨照」之語，寧謂本於淮南子俶眞訓之「是故聖人，託其神於靈府，而歸於萬物之初，視於冥冥，聽於無聲，冥冥之中，獨見曉焉。」范氏以爲語本莊子，殆非篤論。

又：「至精而後闡其妙，至變而後通其數。」

按：周易繫辭上：「是以君子將有爲也，將有行也，問焉而以言，其受命也如響，無有遠近幽深，遂知來物，非天下之至精，其誰能與於此，參伍以變，錯綜其數。通其變，遂成天地之文，極其數，遂定天下之象，非天下之至變，其誰能與於此。」彥和蓋化用之。

通變篇：「故論文之方，譬諸草木，根幹麗土而同性，臭味晞陽而異品矣。」

按：春秋左氏傳襄公八年：「季武士曰，誰敢哉，今譬於草木，寡君在君，君之臭味也。」周易離象：「離，麗也。日月麗乎天，百穀草木麗乎土，重明以麗乎正，乃化成天下。」蓋彥和兼採兩書而爲之說。

又：「其揆一也。」

按：孟子離婁上：「先聖後聖，其揆一也。」此正彥和所本。

情采篇：「固知翠綸桂餌，反所以失魚。」

范註：「魯人有好釣者，以桂爲餌，黃金之鉤，錯以銀碧，垂翡翠之綸。馬國翰輯佚書七十二曰『太平御覽卷八百三十四引闕子。……』」

按：范氏引闕子文未全，於『反所以失魚』句不應。彼文下云『其持竿處位卽是，然其得魚不幾矣。』當據補。不知范氏何以失之目曉？

又：「賁象窮白，貴乎反本。」

范註：「易賁卦上九『白賁无咎。』象曰『白賁无咎，上得志也。』王弼注曰『處飾之終，飾終反素，故在其質素，不勞文飾而无咎也。以白爲飾，而無患憂，得志者也。』」

按：說苑反質篇『孔子卦得賁，喟然仰而嘆息，意不平。子張進，擧手而問曰：「師聞賁者吉卦，而嘆之乎？」孔子曰「賁非正色也，是以嘆之。吾思也，質素白當正白，黑當正黑。夫質又何也？吾亦聞之，丹漆不文，白玉不雕，寶珠不飾。何也？質有餘者，不受飾也」』呂氏春秋愼行論壹行篇與此小異，家語好生篇同。蓋舍人語意所本。僅引易文，似有未盡。

章句篇：「隨變適會，莫見定準。」

按：周易繫辭下：「易之爲書也，……爲道也屢遷，變動不居，周流六虛，上下無常，剛柔相易，不可爲典要（韓注，不可立定準也），唯變所適（韓注，變動貴於適時，趣舍存乎會也）。」正見彥和造語皆有所本。

麗辭篇：「是夔之一足，趻踔而行也。」

范註：「韓非子外儲說左下『魯哀公問於孔子曰「吾聞夔一足，其果信有一足乎？」』」

按：范注郢書燕說，殊不可信！莊子秋水篇『夔謂蚿曰「吾以一足，趻踔而行。」』卽舍人此文之所本。范氏乃引韓非子之文爲注，匪特未審文意，且惑同魯哀公矣。

指瑕篇：「斯言之玷，實深白圭。」

按：春秋左氏傳僖公九年：「君子曰，詩所謂白圭之玷，尚可磨也，斯言之玷，不可爲也。」杜注：「言此言之缺難治，甚於白圭。」彥和造語本此。

附會篇：「使雜而不越者也。」

按：周易繫辭下：「其稱名也，雜而不越。」韓注：「備物極變，故其名雜也，各得其序，不相踰越，況爻繇之辭也。」

又：「若築室之須基構。」

按：尚書大誥：「若考作室，既底法，厥子乃弗肯堂，矧肯構。」傳：「以作室喻治政也，父已致法，子乃不肯爲堂基，況肯構立屋乎。」

時序篇：「六經泥蟠。」

范註：「文選班固答賓戲『泥蟠而天飛者，應龍之神也。』」

按：答賓戲文，與此似不愜，且其語亦非蚤出。法言問神篇：「龍蟠其泥，蚖其肆矣。」李軌注云：「龍蟠未升，玩其肆矣。」與此文意方合。

又：「存而不論。」

按：莊子齊物論：「六合之外，聖人存而不論。」

才略篇：「故不競於先鳴。」

按：春秋左氏傳襄公二十一年：「然臣不敏，平陰之役，先二子鳴。」杜注：「十八年晉伐齊，及平陰，州綽獲殖綽、郭最，故自比於雞鬭勝而先鳴。」

知音篇：「夫篇章雜沓，……所謂東行而望，不見西牆也。」

按：此一節與抱朴子外篇辭義「五味舛而並甘」章，論旨相似。此文特表現「會己則嗟諷，異我則沮棄」，與彼文之「貴乎合己，賤於殊途」之意甚近。

又：「凡操千曲而後曉聲。」

按：御覽五八一引桓譚新論：「成少伯工吹竽，見安昌侯張子夏鼓琴，謂曰，音不通千曲以上，不足以爲知音。」

又：「夔曠所定。」

按：呂氏春秋察傳：「孔子曰，昔者舜欲以樂傳教於天下，乃令重黎舉夔於草莽之中而進之，舜以爲樂正，夔於是正六律，和五聲，以通八風，而天下大服。」又長見：「晉平公鑄爲大鐘，使工聽之，皆以爲調矣，師曠曰，不調，請更鑄之，平公曰，工皆以爲調矣，師曠曰，後世有知音者，將知鐘之不調也，臣竊爲君恥之。」

程器篇：「徐幹之沈默。」

范註：「魏志王粲傳注引先賢行狀：「幹淸玄體道，六行修備，聰識洽聞，操翰成章，輕官忽祿，不耽世榮。」

按：黃注引曹丕又與吳質書，范氏別引先賢行狀，或補黃注之意，果如此，則寧引王昶戒子姪書所云：「北海徐偉長，不治名高，不求苟得，澹然自守，惟道是務，其有所是非，則託古人以見其意，當時無所褒貶，吾敬之重之，願兒子效之。」（魏志王昶傳）「沈默」之注，較爲適切。

四、結　論

本論文共四綱十二目，其敘寫的方式，大別可以分爲兩部分，第一部分，是「范註」成書的經過與內容析例，因爲欲駁議「范註」的非是，對於范氏著述的經過，內容的條例，勢需精究博考，以明其註釋文心雕龍的動機，背景，刋刻、發行，以及重修增訂的過程，並於其瀝辭鐫思的時候，作者引書，引文、引說、用事、立義、輯佚、考訂、刪節，甚而補綴、演繹、歸納以成巨帙的經緯錯綜，盡在我掌握之內，然後始能見其大，能見其大，則范氏構思、運材的用心，自如網在綱，振衣挈領，洋洋乎如在左右矣。所謂「沿波討源，雖幽必顯」者也。

第二部分「范註」文心駁正，其中目別有六：從資料方面言：若年譜、若敘錄、若板本、若遺著、皆應附而未附，此所謂資料未備者一也。從著述方面言、若篇旨、若行文、若稱謂、若篇卷，粗觀似博大精深，諦審類節目斑花，雜亂無章，多乏條理，此所謂「體例不當」者二也。從持論方面言：若原道篇所附圖表，事在剖析上篇二十五的組織體系，神思篇所附圖表，旨在說明文學創作論的基本架構，其他如「原道」的定義，「經典」的語源，「風骨」的要旨，「文心」的命名，均事關重大，而持論偏頗，此所謂「立說乖謬」者三也。從校字方面言：讀文心首重校勘，因爲一字之差，可致千里之謬，故古來學者，無不著力於此。范氏鳩合衆本之長，參以趙萬里、鈴木虎雄之說，校附註中，每多雌黃。然而是非不一，難可質定。其誤校或失校者，綜括大較得九十二條，此所謂「校勘欠精」者四也。從釋義方面言：彥和淹貫羣書，思理精深，以六朝的儷偶，傳述文學的理論。學者每需突破「文字」一障，才能直透「理障」，瞭解其爲文之用心。而范氏往往囿於成見，不能圓賅，故書中文義，經他誤釋者，舉其大凡計三十四條。此所謂「註釋錯訛」者五也。從用事方面言：多識前言往行，自古卽爲治學做人的準繩。彥和著文心，集我國往古文論的精華，而推陳出新。後人校注，正應根據其引文、引說、引書的地方，而抉其要眇，發其微旨，以見其片言隻字，皆有所本，決非徒託空言者可比。范氏於此卻有言有不言，言者，可本之以逆溯其資料的來源，不言者，實令人於茫茫學海，有無所適從之感。今舉其較著者竟多達四十六條，此所謂「出處不明」者六也。

由上述兩部分獲得的結果，雖然還沒有到巨細靡遺，十分令人滿意的程度，但關於「范註」文心雕龍的是非得失，筆者却自信是以公正的立場，客觀的態度，將中外名家的意見，作系統一貫的整理，對有事於「文心雕龍學」的人們，本論文也許可以略效棉薄，先期的告訴你「范註」的眞象。如果你對文心雕龍是一位學深養到的同工，得此更可以進窺「范註」的得失，給它一個重新的詁價。

學術與日更新，所謂「文律運周，日新其業」，文心雕龍之傳世，已一千四百七十多年，「范註」之印行迄今，也超過了半個世紀，再加上近百年來西方的文學思潮，如狂濤巨浪，席卷東來。我們勢必不能再牢守著中國傳統的壁壘，打著「遵古炮治」或「祖傳秘法」的旗幟，來欺世盜名了。同時治西方文學的人，更應該想到五千年的文化，要從根救起，八億萬同胞的生命，正迫切待援，涵養舊學，陶冶新知，是我們每一位知識份子的責任。所以我作「文心雕龍范註駁正」，其目的並不在爭勝昔賢，更何況「范註」本身，自有其不可動搖的價值，只是想到「文心雕龍」在當前中西文學理論上的超越性。如果學者能以「范註」爲進階，把「文心雕龍學」的研究，推向一個理想的高峯，則本文的寫作，也就眞正的落實了。

附註：

一、參閱王更生著文心雕龍研究第一章緒論（文史哲出版社印行）
二、參閱王更生著文心雕龍文體論析例（東吳大學文史學報第三期）
三、參閱王更生著文心雕龍研究第九章文心雕龍文術論（文史哲出版社印行）
四、參閱王更生著文心雕龍研究第十章文心雕龍文評論（文史哲出版社印行）
五、同註（四）
六、參閱王更生著文心雕龍著作述評（中國學術年刊第一期）
七、見司馬遷史記自序
八、見班固漢書敘傳
九、見司馬光通鑑外紀序、後序
一〇、參閱王更生著文心雕龍研究第四章文心雕龍板本考（文史哲出版社印行）
一一、同註（一〇）
一二、同註（一〇）
一三、參閱王更生編文心雕龍研究資料彙編（文史哲出版社正在印刷中）

一四、參閱王更生著文心雕龍研究第三章文心雕龍史志著錄得失平議（文史哲出版社印行）
一五、同註（一〇）
一六、林師大作見香港寰球文化服務社出版之國學略說
一七、文心雕龍序志篇文
一八、同註（一七）
一九、參閱王更生著文心雕龍研究第八章文心雕龍之子學，及文心雕龍「正緯」「史傳」「諸子」各篇本文
二〇、參閱王更生著文心雕龍導讀（華正書局出版）
二一、引文見文心雕龍辨騷篇
二二、引文見文心雕龍附會篇
二三、范說見文心雕龍註神思篇註（三一）
二四、以上言文心雕龍文術論，請參閱王更生著文心雕龍研究第九章
二五、見文心雕龍註原道篇註（二）
二六、見文心雕龍徵聖篇註（一）
二七、見文心雕龍註宗經篇註（三）

二八、參閱王更生著文心雕龍研究第十一章文心雕龍風骨論

二九、見文心雕龍註序志篇註（二）

三〇、張立齋說見其所著文心雕龍註訂（正中書局印行）

三一、同註（一）

本論文重要參考書目

專著部分：

一、范文瀾文心雕龍增訂本　明倫出版社印行
二、楊明照文心雕龍校注　世界書局印行
三、劉永濟文心雕龍校釋　華正書局出版
四、郭某文心雕龍譯註十八篇　建文書局出版
五、王某文心雕龍新書　龍門書店出版
六、文心雕龍新書附通檢　成文出版社印行
七、張立齋文心雕龍註訂　正中書局印行
八、張立齋文心雕龍考異　正中書局印行
九、李師曰剛文心雕龍斠詮　國立臺灣師範大學國文系講義
十、王叔岷文心雕龍綴補　藝文印書館印行

十一、黃季剛文心雕龍札記　文史哲出版社印行

十二、周康燮文心雕龍選注　龍門書店出版

十三、饒宗頤等著文心雕龍研究專號　香港大學中文學會年刊

十四、張　嚴文心雕龍通識　臺灣商務印書館印行

十五、張　嚴文心雕龍文術論詮　臺灣商務印書館印行

十六、王更生文心雕龍研究　文史哲出版社印行

十七、王更生文心雕龍導讀　華正書局印行

十八、司馬遷史記　樂天出版社二十四史本

十九、班　固漢書　樂天出版社二十四史本

二〇、魏　徵隋書經籍志　樂天出版社二十四史本

二一、陸德明經典釋文　臺灣商務印書館四部叢刊初編縮本

二二、金靜庵中國史學史　國史研究室編印

論文部分：

一、李　笠讀文心雕龍講疏　圖書館學季刊第二卷第二期

二、陳　準顧黃合斠文心雕龍跋　圖書館學季刊第一卷第二期

三、楊明照范文瀾文心雕龍注舉正　文學年報第三期

四、許　可讀文心雕龍　香港龍門書店中國文學批評論文集

五、斯波六郎著范文瀾文心雕龍注補正　黃師錦鋐譯　國立臺灣師範大學國文學報第七期

六、王更生近六十年文心雕龍之研究　正中書局六十年來之國學第五冊

七、王更生文心雕龍文體論　東吳大學文史學報第三期

八、蒙傳銘文心雕龍校訂　慶祝林景伊先生六秩誕辰論文集